Novos temas nas aulas de História

Conselho Acadêmico
Ataliba Teixeira de Castilho
Carlos Eduardo Lins da Silva
Carlos Fico
Jaime Cordeiro
José Luiz Fiorin
Tania Regina de Luca

Proibida a reprodução total ou parcial em qualquer mídia
sem a autorização escrita da editora.
Os infratores estão sujeitos às penas da lei.

A Editora não é responsável pelo conteúdo dos capítulos deste livro.
A Organizadora e os Autores conhecem os fatos narrados,
pelos quais são responsáveis, assim como se responsabilizam pelos juízos emitidos.

Consulte nosso catálogo completo e últimos lançamentos em **www.editoracontexto.com.br**.

Novos temas nas aulas de História

Carla Bassanezi Pinsky (organizadora)
Carlos Renato Carola
Fábio Pestana Ramos
Kalina Vanderlei Silva
Marco Mondaini
Marcos Lobato Martins
Marcos Napolitano
Marcus Vinícius de Morais
Pietra Diwan
Silvia Figueirôa

editora**contexto**

Copyright © 2009 dos Autores

Todos os direitos desta edição reservados à
Editora Contexto (Editora Pinsky Ltda.)

Montagem de capa e diagramação
Gustavo S. Vilas Boas

Preparação de textos
Daniela Marini Iwamoto

Revisão
Flávia Portellada

Dados Internacionais de Catalogação na Publicação (CIP)
(Câmara Brasileira do Livro, SP, Brasil)

Novos temas nas aulas de História /
Carla Bassanezi Pinsky (organizadora). – 2. ed., 4ª reimpressão. –
São Paulo : Contexto, 2024.

Vários autores.
ISBN 978-85-7244-418-7

1. História - Estudo e ensino 2. Interdisciplinaridade I. Pinsky,
Carla Bassanezi.

08-11282   CDD-901

Índice para catálogo sistemático:
1. História : Teorias : Abordagem interdisciplinar   901

2024

EDITORA CONTEXTO
Diretor editorial: *Jaime Pinsky*

Rua Dr. José Elias, 520 – Alto da Lapa
05083-030 – São Paulo – SP
PABX: (11) 3832 5838
contato@editoracontexto.com.br
www.editoracontexto.com.br

SUMÁRIO

7 Introdução
Carla Bassanezi Pinsky

13 BIOGRAFIAS
Kalina Vanderlei Silva

29 GÊNERO
Carla Bassanezi Pinsky

55 DIREITOS HUMANOS
Marco Mondaini

73 CULTURA
Marcos Napolitano

95 ALIMENTAÇÃO
Fábio Pestana Ramos

119 CORPO
Pietra Diwan

135 HISTÓRIA REGIONAL
Marcos Lobato Martins

153 CIÊNCIA E TECNOLOGIA
Silvia Figueirôa

173 MEIO AMBIENTE
Carlos Renato Carola

201 HISTÓRIA INTEGRADA
Marcus Vinícius de Morais

219 OS AUTORES

INTRODUÇÃO

CARLA BASSANEZI PINSKY

Os currículos escolares e o próprio trabalho em sala de aula têm procurado acompanhar o desenvolvimento dos estudos históricos nas universidades. A velha História de fatos e nomes já foi substituída pela História Social e Cultural; os estudos das mentalidades e representações estão sendo incorporados; pessoas comuns já são reconhecidas como sujeitos históricos; o cotidiano está presente nas aulas e o etnocentrismo vem sendo abandonado em favor de uma visão mais pluralista.

Reflexões sobre a **"criação" do fato** histórico ensinado nas aulas de História,[1] as metodologias e as linguagens usadas na **divulgação do saber histórico**,[2] as **abordagens**, conceituais e práticas, a **seleção de conteúdos** e a sempre atual questão **"para que serve?"**[3] têm sido feitas com competência por educadores e historiadores preocupados com o ensino-aprendizagem, em obras ao alcance de todos os interessados em aprimorar seu trabalho com os alunos.

Faltava, entretanto, um livro que tratasse dos **novos temas** ou da releitura atualizada de certos "temas clássicos". Assuntos como meio ambiente, relações de gênero e direitos humanos têm sido alvo de pesquisas por parte de historiadores há décadas. Porém, ainda andam um tanto distantes da realidade do ensino de História. Não precisa ser assim.

Novos temas nas aulas de História

Quem, preocupado com a tradição humanista e ciente de sua relevância para a formação dos jovens do século XXI, seria contrário ao estudo da **cultura** e das artes? Com as **questões ambientais** comprometendo cada vez mais o futuro do planeta, por que não observar seu passado e trajetória junto com os alunos? Nos dias de hoje, em que os avanços da cidadania convivem com violações terríveis dos **direitos humanos**, que tal tratar desse tema em sala de aula? As **relações de gênero** são uma dimensão importantíssima das relações sociais; não há como deixá-las fora do curso de História. Um olhar sobre o **corpo**, que varia com as condições materiais tanto quanto com a cultura, não ampliaria as perspectivas das nossas aulas de História ao iluminar as fronteiras entre o social e o indivíduo? A **alimentação** – importante para a sobrevivência da espécie humana e formadora de hábitos culturais – não é um assunto atraente, capaz de aproximar os alunos da História?

Há também recortes temáticos, velhos conhecidos nossos, cujas abordagens historiográficas mudaram bastante recentemente. É o caso das **biografias**, que passaram de queridinhas a gatas borralheiras nas escolas. Hoje, sob novos olhares, as biografias foram reabilitadas como forma de compreensão do papel do indivíduo na história. Não está na hora de elas voltarem, com sua nova roupagem, aos bancos escolares?

Ciência e tecnologia estão na ordem do dia. Deveriam estar nas aulas de História também. Como? Vistas em sua historicidade, questionadas por suas possibilidades e limites, contextualizadas como qualquer outro "fato histórico", ou "tema de historiador".

A **História Regional** na sala de aula, capaz de provocar rapidamente a identificação do aluno com a História, pode abrir seus olhos para uma participação maior na comunidade. E a **História Integrada**, para a realidade de sua inserção numa história ampla e global.

Novos temas nas aulas de História tem uma ambição. E não é pequena: colocar à disposição de alunos e professores assuntos e abordagens que possam renovar o ensino de História. O livro pode ser útil tanto para os adeptos do ensino por eixos temáticos (ou "temas geradores") quanto para os que acreditam ser a noção de processo mais bem absorvida por estudos que seguem a sequência cronológica (Antiga, Medieval, Moderna e Contemporânea...), ou mesmo para os que destacam a História do Brasil da História Geral ou da História da América. Qualquer professor pode usá-lo.

Aqui, não importa o modo como ele prefere "dar a matéria" ou quais recursos didáticos emprega – aula expositiva, leituras de textos, estudos do meio, audiovisuais, visita a museus, trabalho em grupo, ou outros. A proposta de *Novos temas nas aulas de História* é a de que todos os temas apresentados podem e devem ser incorporados como parte do olhar sobre a história no ensino e daí para novas e enriquecedoras visões de mundo.

Este livro foi escrito por "espécimes" cada vez mais raros nas universidades: historiadores preocupados com o ensino de História. Assim, os autores, que também são pesquisadores, dialogam aqui com os professores, sem a preocupação de agradar seus colegas de academia. Ao serem convidados a participar do livro, receberam a recomendação explícita de escrever, em linguagem adequada a professores, textos inéditos concebidos sob encomenda pela organizadora especialmente para a publicação da Editora Contexto. Cumpriram a promessa.

Cada um com seu estilo, simpatias teóricas, interesses próprios e especialização em temas distintos, todos seguiram um projeto e respeitaram um foco duplo: o interesse do aluno e a responsabilidade social do ensino de História.

- Todos respondem qual **a importância do tema** para o estudante;
- trazem exemplos e tratam com clareza dos **conceitos e conteúdos** envolvidos;
- apresentam **sugestões de trabalho** em sala de aula;
- comentam **obras e leituras** que podem ser usadas pelos professores para aprimorar sua formação e preparar as aulas;
- falam de **materiais didáticos alternativos** (romances, filmes, sites etc.) que ajudam a ilustrar o estudo do tema.

O que o leitor vai encontrar aqui?

Kalina Vanderlei Silva explica por que trazer de volta as biografias à sala de aula: por fazerem sucesso entre os jovens, por serem uma forma privilegiada de abordar a "vida privada" e, especialmente, por permitirem o estudo do contexto histórico por meio de um representante, um personagem. Além de demonstrar a fecunda relação entre biografia e pesquisa histórica, o texto exemplifica abordagens distintas como a dos "grandes homens", da "história vista de baixo", das "pessoas comuns", e com trajetórias de figuras tão distintas como Hitler, Zumbi, Che Guevara, Chica da Silva e de anônimos de diversas épocas.

É possível observar a história com um "olhar de gênero" e assim identificar as representações de feminino e masculino em vários contextos e épocas, além de entender as relações sociais que se estabelecem com base nessas representações. O texto sobre o tema, de minha autoria, dá exemplos que vão da Grécia antiga ao Brasil escravista, da Revolução Francesa ao Japão Meiji, do iluminismo ao nazismo, e mostra que não é difícil adotar esse olhar em muitos pontos do currículo escolar. Quase todos.

Marco Mondaini propõe o tema dos direitos humanos como o novo eixo do ensino de História. Resume a trajetória da passagem da "era dos deveres" para "a era dos direitos" e apresenta questões para nortear trabalhos em sala de aula: consciência histórica, pensamento político, conflito social e Brasil contemporâneo. Os resultados de uma educação preocupada com os direitos humanos – qualificada em termos de conteúdo e comprometida com a dignidade da pessoa –, promete o autor, compensam quaisquer esforços.

Para responder "O que é cultura? Como ela se traduz em experiências escolares?", Marcos Napolitano dá conta dos debates sobre cultura nas Ciências Humanas e nas propostas curriculares. Sugere trabalhos a partir de quatro eixos de discussão (identidade e pluralidade; cultura de massa e consumo; patrimônio e herança; cidadania e poder) e cita conteúdos de História em que eles poderiam ser desenvolvidos. Apresenta a questão cultural para além de clichês e do lugar-comum e demonstra o papel da cultura no jogo complexo entre reprodução e transformação social, alienação e consciência, lazer e formação.

"A história pode ser entendida através da evolução dos hábitos e costumes alimentares", afirma categoricamente Fábio Pestana Ramos. Seu texto mostra que a alimentação está ligada a questões culturais, religiosas, sociais, ambientais e econômicas. A busca por recursos alimentares mobilizou nossos ancestrais, desenvolveu a escrita, ergueu impérios, provocou revoluções, fomentou trocas comerciais e o intercâmbio cultural, possibilitou o surgimento do capitalismo e esteve nas origens da globalização. Diversos problemas atuais envolvem estoques, produção e distribuição mundial dos alimentos; o estudo do passado ajuda a compreendê-los.

A temática do corpo, no texto de Pietra Diwan, fala de consumismo, moda, saúde, alimentação, esportes, concepção de normalidade, valor da aparência e a relação das vestimentas com o desenvolvimento econômico e político; discorre ainda sobre a legitimação do discurso médico e sobre as diversas manifestações e representações que envolvem a sexualidade e o prazer. Como exemplos, o capítulo mostra o que a História tem a dizer quando analisa o consumo juvenil no século XXI, o nazismo e a variação nos padrões dominantes de beleza feminina.

Marcus Vinícius de Morais defende a História Integrada como o melhor modo de ensinar História no século XXI. Retoma o percurso das formas de "narrar o Brasil" do século XIX, quando o novo país queria se desligar da identidade portuguesa, aos dias de hoje, em que as propostas oficiais incentivam o ensino de História do Brasil conectada com a Mundial. Fala dos problemas da História Integrada tal qual ensinada nas escolas e procura mostrar como fazer melhor: destacar as conexões entre os fatos históricos; observar as mentalidades mescladas à economia, à política e às sociedades; interligar as questões nacionais às internacionais, o particular ao geral, o local ao global.

Para Marcos Lobato Martins, a História Regional não pode ser ignorada por conta das identidades efetivamente existentes com o "local", mesmo num tempo de dissolução de fronteiras, ou melhor, até por causa desse processo, como um contraponto. Fala da evolução da ideia de "regiões" desde os tempos pré-modernos. Faz um balanço dos estudos regionais na historiografia. E caracteriza a História Regional como a que estuda, não "o palco imóvel onde a vida acontece", mas sim os espaços com suas dinâmicas e caráter próprios; enriquece a explicação das sociedades em suas múltiplas determinações e ajuda a testar as generalizações da História Geral.

Silvia Figueirôa é favorável à inclusão do tema da ciência e da tecnologia (C&T) como forma de enriquecer a visão dos processos históricos, garantir uma sociedade democrática e proporcionar trabalhos interdisciplinares. Mostra que a compreensão das relações entre C&T e sociedade, dos modos de produzir ciência e da inserção da C&T nos aparatos estatais e nas economias só pode ocorrer a partir de um enfoque histórico. Propõe observar a produção dos conhecimentos científicos como algo fruto de contradições, avanços, recuos e disputas, e, ao mesmo tempo, verificar as influências da C&T no curso dos acontecimentos e na dinâmica das sociedades.

Carlos Renato Carola justifica a História Ambiental como arma diante da crise ambiental atual. Por meio dela podemos compreender as relações entre cultura e natureza em distintas épocas e lugares; perceber a diversidade das representações da natureza; observar a espécie humana como *uma* das espécies constitutivas da natureza, cuja existência só é possível com a interação (e não destruição) com o meio natural. O texto trata das questões, das metodologias, das fontes e do estatuto atual da História Ambiental, no mundo e no Brasil. Como exemplos, fala das representações ambientais dos filósofos gregos, dos utopistas e da produção cinematográfica.

Este livro serve, é claro, para pesquisadores iniciantes nos diversos temas apresentados, mas é especialmente dedicado aos professores que querem se atualizar, melhorar seu desempenho profissional e tornar as aulas bem embasadas e mais proveitosas para os alunos. Depois de o ler, acredito que será muito difícil continuar pensando a História ou dando aulas do mesmo jeito.

Notas

[1] Como em Jaime Pinsky (org.), O ensino de História e a criação do fato, 12. ed., São Paulo, Contexto, 2006.

[2] Como em Circe Bittencourt (org.), O saber histórico na sala de aula, 11. ed. 1ª reimpressão, São Paulo, Contexto, 2008.

[3] Como em Leandro Karnal (org.), História na sala de aula: conceitos, práticas e propostas, 5. ed. 1ª reimpressão, São Paulo, Contexto, 2008.

BIOGRAFIAS

KALINA VANDERLEI SILVA

Como e por que trazer de volta a biografia para a sala de aula? Não seria exagero afirmar que, hoje, muitos dos professores brasileiros sentiriam um calafrio só de pensar em utilizar biografias como tema de ensino. Isso porque, quando eles próprios estavam na escola, uma das formas de estudar História era decorar datas e fatos relacionados aos *heróis* nacionais.

Mas nem tudo o que é "velho" é necessariamente ruim. Se bem empregada, a biografia se torna um elemento a favor do professor dinâmico, que deseja despertar em seus alunos o interesse pela História e ajudá-los no processo de aquisição de conhecimento.

A palavra biografia significa, em várias línguas ocidentais, a escrita de uma história de vida, e, nesse sentido, já era empregada na Antiguidade clássica, de onde vem um modelo ainda utilizado: a obra de Plutarco sobre a vida de Alexandre, o Grande. Essa, inclusive, é a mais simples e direta das definições da biografia: o relato da vida de uma pessoa. Uma definição simples para um gênero de fronteira, que dialoga com diferentes áreas do saber, da História ao Jornalismo, passando pela Literatura e a Psicologia.

E ser um gênero de fronteira, interdisciplinar, é uma das características que tornam a biografia um instrumento que oferece possibilidades para a sala de aula. A outra é seu diálogo com o cotidiano e com o generalizado interesse pela vida privada, que reside em todos nós.

Biografia e historiografia

Atualmente, a biografia é um gênero de escrita em que transitam jornalistas, historiadores e ficcionistas com seus estilos e objetivos específicos. Na historiografia, particularmente, a biografia teve seus altos e baixos. Foi coqueluche dos historiadores positivistas entre os séculos XIX e XX por permitir que a história fosse retratada como a História dos "grandes homens". Porém, com o surgimento da História analítica e estrutural no início do século XX, foi relegada à condição de gênero de segunda classe. Na década de 1980, a última geração da Escola dos Annales retomou o interesse na biografia como método de investigação e escrita da História. Nesse cenário, grandes nomes da História Cultural francesa, como os historiadores Georges Duby e Jacques Le Goff, tanto teorizaram sobre o assunto quanto escreveram obras biográficas. Notáveis nesse aspecto são: de Jacques Le Goff, as biografias de São Francisco e de São Luis, e, de Georges Duby, a de Guilherme Marechal.[1] No entanto, mesmo nessa escola historiográfica, a biografia continuou a seguir a tendência de se restringir aos "grandes homens".

Em um famoso dicionário de Ciências Históricas, escrito por um dos adeptos da Nova História francesa no final da década de 1980, André Burguière, a biografia aparece mais ligada à Literatura que às Ciências Humanas, resgatada pela vontade totalizante da História de estudar todos os aspectos de uma sociedade. Para Burguière, a História não pode desprezar os "grandes homens", pois, se os historiadores não conseguem explicar o passado somente pela análise da vida destes, por outro lado, não devem esquecer que eles foram testemunhas privilegiadas de seu tempo.[2]

Georges Duby, seguindo a mesma perspectiva, afirmou que o estudo do "grande homem" poderia ser tão revelador de um contexto histórico quanto o estudo dos acontecimentos e das estruturas. E, seguindo essa afirmativa, elaborou seu *Guilherme Marechal* como uma obra historiográfica, escrita em tom de narrativa de ficção, em que a vida do personagem central é usada como ilustração dos valores da cavalaria medieval e de suas estruturas sociais.

Por sua vez, a Micro-História, a História Vista de Baixo, a História Oral e a História Antropológica, utilizando a biografia como gênero de narrativa e fonte para análise histórica, têm fugido dos personagens célebres e priorizado as ditas "pessoas comuns". Nessa opção historiográfica, destacam-se autores como a norte-americana Natalie Zemon Davis, cujas investigações de História Social da França moderna incluem a reconstrução das histórias de vida de pessoas comuns, como aquelas retratadas em sua obra-prima *O retorno de Martin Guerre*.[3]

Já o marxista inglês Eric Hobsbawm procura fundir investigação estrutural com biografias em *Pessoas extraordinárias*,[4] em que trabalha com personagens anônimos, observando-os sempre no contexto dos grupos sociais dos quais faziam parte, preocupado em conhecer sua influência na transformação das sociedades.

Enquanto isso, os trabalhos dos italianos Giovani Levi e Carlo Ginzburg com Micro-História popularizam a análise do microcosmo social. Nessa abordagem, o indivíduo, em geral vindo dentre os anônimos das camadas populares, é o foco principal da História. Nenhuma obra exemplifica melhor esse grande interesse no personagem do povo como protagonista do enredo histórico do que o clássico moderno de Ginzburg, *O queijo e os vermes*:[5] uma análise do mundo renascentista italiano a partir da história única de Menocchio, um moleiro letrado preso nas malhas da Inquisição. Enquanto a abordagem materialista de Hobsbawm prefere enfatizar estruturas sociais e econômicas, a Micro-História de Ginzburg privilegia as mentalidades.

Seja qual for o objeto, "personagem célebre" ou "pessoa comum", a biografia tomou forma como campo privilegiado da historiografia. Todas as correntes dessa retomada vêm influenciando os historiadores no Brasil. Um marco foi a publicação da segunda edição revisada do *Dicionário histórico e biográfico brasileiro*, pela Fundação Getúlio Vargas em 2001; projeto monumental que cataloga os principais personagens da História política Brasileira no século xx.

Mas a biografia nunca esteve longe do nosso mercado editorial. No Brasil, ela permaneceu principalmente como gênero jornalístico por muito tempo e com muito sucesso de público.[6] O sucesso das biografias jornalísticas somou-se, no final do século xx, à retomada do interesse dos historiadores pelo gênero, produzindo coleções de biografias, lançadas por diferentes editoras brasileiras. Em geral, essas obras enfocam personagens célebres, considerados únicos e geniais, marcantes em seus períodos históricos. Nelas, os historiadores optam por uma abordagem em que, por meio da história de vida do retratado, é possível visualizar traços característicos do período histórico em que o mesmo viveu. Talvez o melhor e mais bem-sucedido exemplo desse tipo de abordagem seja *Chica da Silva e o contratador dos diamantes*,[7] de Júnia Ferreira Furtado, lançado em 2003. Nesse livro, a historiadora mineira traça um abrangente e detalhado perfil da sociedade mineradora colonial, das relações entre senhores e escravos e das questões de gênero no século XVIII, tendo como foco principal a vida da célebre Chica da Silva.

Essa biografia de Chica da Silva exemplifica ainda uma certa preocupação de muitas das novas biografias escritas por historiadores, que é não apenas narrar a história e vida do personagem em questão, mas, quando essa vida está entrelaçada por mitos, discutir também o próprio processo historiográfico que os mitificou. Por outro lado, enquanto algumas obras estudam a vida de líderes políticos de grande projeção, como Mao, outras analisam personagens que lideraram grupos sociais "não-vencedores" como Zumbi, no Brasil, ou o índio apache Gerônimo, nos Estados Unidos.[8]

Em torno desse debate, o interesse na biografia relaciona-se a uma questão fundamental para os historiadores: qual o papel do indivíduo na história? O indivíduo é somente a soma dos elementos de sua cultura e sociedade, ou ele é capaz de modificar seu contexto? Perante essa questão, fica-nos o meio-termo como resposta mais crível: os condicionamentos sociais, sofridos por todo ser humano, são fatores importantes na definição das histórias de vida. E, pertencendo a um mesmo grupo social em um mesmo momento histórico, diferentes indivíduos podem partilhar "lances de vida" semelhantes. Porém, como defende a historiadora Vavy Pacheco Borges, sempre parece existir algo de indeterminação na vida dos indivíduos, fazendo com que não haja um comportamento padrão para todos os sujeitos de um mesmo grupo social.[9]

Biografia e ensino

O trabalho com biografias em sala de aula se justifica por duas razões principais: o forte apelo que esse gênero exerce sobre o público leigo e o papel que a biografia pode desenvolver como representação do contexto histórico ao qual pertence o biografado.

O interesse na vida particular é um gosto adquirido por muitos, o que faz da biografia um gênero literário popular. Além disso, uma boa dose de veneração ao herói, comum a todas as sociedades, está por trás do interesse tanto em obras cinematográficas e literárias sobre personagens históricos[10] quanto sobre celebridades midiáticas. Esse caráter popular é o primeiro dos atrativos da biografia como instrumento de ensino de História: ela se apresenta como um meio que facilita a discussão histórica ao despertar a curiosidade dos alunos porque fornece nomes e faces aos processos históricos. Ou seja, a biografia personaliza a História que enfoca estruturas e processos amplos. E, em uma sociedade em que a individualização está por toda parte, associar contextos históricos a personagens que os alunos possam nomear, dos quais possam se recordar, é fornecer as ferramentas mais básicas para que esses estudantes possam conhecer e, mais importante, se interessar por esses momentos históricos.

Não se trata, portanto, de desenterrar a velha História dos "grandes homens". Pelo contrário, trata-se de somar à História Social e Cultural, ou seja, estrutural, como em geral é trabalhada no Brasil, as biografias de personagens comuns e também de líderes e artistas que atuem como representações de seus períodos históricos.

Considerando essa trajetória de valorização da biografia na escrita da História, perguntamos então como utilizá-la no dia a dia da sala de aula.

Sugestões de trabalho em sala de aula

Não é difícil, ao estudarmos sobre um determinado período histórico, nos defrontarmos com personagens cujo carisma atrai a atenção. Na História Política torna-se mais fácil perceber os rostos e nomes dos indivíduos, em geral os líderes, mas não apenas nela. A História Cultural e Social está repleta de artistas e criadores carismáticos, cujos nomes são mencionados no meio de listas de fatos e recortes de estruturas históricas: os artistas do Renascimento, os líderes das independências e os grandes ditadores são exemplos. Mas a simples menção a nomes de indivíduos dificilmente se caracteriza como trabalho com biografias. Esse trabalho requer uma seleção e aprofundamento nas vidas escolhidas.

A seleção dos personagens e biografias depende basicamente de dois elementos principais: o interesse do professor em conjunção com os interesses e realidades específicas de seus alunos, e a disponibilidade de obras e dados biográficos sobre os personagens escolhidos. De nada adianta escolher personagens sobre os quais não existem informações. Além disso, somente o diálogo de cada professor, com seu conteúdo programático e interesses específicos de cada turma, pode definir que períodos e personagens são interessantes para serem abordados.

Uma vez feita a escolha, o próximo passo é definir como a biografia elegida será trabalhada, ou seja, escolher a abordagem apropriada. E a abordagem também precisa ser pensada de acordo com o objetivo do professor. Assim, uma biografia pode ser trabalhada:

- como introdução a um período histórico selecionado. Por exemplo, ao iniciar um conteúdo como a História da África Medieval, podemos começar apresentando aos alunos a vida de Mansa Mussa, o mais famoso rei do Mali, cuja trajetória, envolta em lendas, serve ao mesmo tempo de prefácio e chamariz para o estudo do Sudão medieval.
- como ilustração do contexto histórico do personagem. Se considerarmos que a vida de todo indivíduo é representativa das estruturas nas quais está inserido, podemos tomar uma biografia para discutir determinado contexto histórico na medida em que trabalhamos esse contexto. Por exemplo, a vida de Cervantes está repleta de fatos que a tornam um perfeito espelho do "século de ouro" espanhol.

Ainda com relação à metodologia de trabalho, vale lembrar que a história de vida de personagens históricos se presta muito bem também para uma abordagem interdisciplinar com a Literatura, o Cinema e mesmo os Quadrinhos. Nesse caso, os professores de História precisam trabalhar em sintonia com os das outras matérias.

Observando o conteúdo programático de História em geral trabalhado no Brasil, podemos propor alguns exemplos de biografias para sala de aula.

Cervantes

Se consideramos que, ao seguir a vida de um personagem, qualquer personagem, seguiremos inevitavelmente o curso da história em sua época, ao tratar, por exemplo, do Império Espanhol, podemos escolher fazer isso a partir da vida de Cervantes, pois, mais do que expoente maior das letras na Espanha renascentista barroca, Cervantes foi uma ilustração viva do cotidiano e das estruturas do próprio Império: Foi soldado de Felipe II contra o Império Turco, foi funcionário da Invencível Armada organizada pelo mesmo rei contra a Inglaterra, foi prisioneiro dos turcos em Argel e dos espanhóis em Madri, foi letrado empobrecido e desprestigiado, e desafeto de Lope de Veja, um dos maiores dramaturgos do "século de ouro".

A análise da Espanha imperial em conjunção com a vida de Cervantes tem ainda o mérito de permitir, através de uma abordagem interdisciplinar, a discussão de sua obra, considerada hoje o mais importante romance do Ocidente, o *Dom Quixote*.

Hitler e Erich Maria Remarque

A seleção dos personagens a serem trabalhados depende das variáveis que já expusemos, mas a maioria dos temas que compõe o conteúdo programático de História do Brasil e de História Geral oferece alguma opção para essa abordagem. Os chamados *grandes líderes* são as escolhas óbvias, mas não necessariamente as melhores. Assim, ao inserir biografias em um assunto como a Segunda Guerra

Mundial, um personagem como Hitler, exemplo maior do debate em torno da importância do indivíduo sobre as estruturas e fatos de uma época, torna-se uma opção viável pelas muitas possibilidades de discussão que sua biografia oferece. Sua biografia pode ser uma ponte para o contexto cultural do entre-guerras: o antissemitismo e o cenário artístico da Alemanha e da Áustria. Mas é possível ainda fazer um paralelo com outras biografias, escolhendo, por exemplo, soldados anônimos que, como Hitler, participaram dos conflitos da Primeira Guerra, mas que seguiram rumos bem distintos.

A comparação com as vidas de outros egressos dos *fronts* pode ser feita a partir da obra de Erich Maria Remarque, *Nada de novo no front*,[11] romance biográfico que conta as agruras de um soldado alemão na Primeira Guerra Mundial, o qual teve nessa guerra uma trajetória similar a do ditador.

Essa proposta tem o benefício de trabalhar um "grande líder" em paralelo com um personagem digno da "história vista de baixo", além de dar uma oportunidade de associar História e Literatura.

Che Guevara

Muitos personagens históricos não são apenas famosos, são míticos. A discussão em torno das apropriações contemporâneas da vida de um personagem histórico pode ser um bom motivo para selecionar determinada biografia para sala de aula, pois permite que os alunos vejam a própria narrativa histórica como algo em constante mutação de acordo com distintos interesses no presente.

O caso de Guevara é exemplar. Em torno de seu nome existe um intenso debate. Herói máximo de uma esquerda latino-americana socialista que proliferou entre as décadas de 1960 e 1990, a imagem de Che como revolucionário se tornou icônica ainda em vida, e após sua morte foi transformada em símbolo maior dos opositores dos regimes militares latino-americanos. Se as ditaduras militares passaram, assim como a esquerda tradicional em quase toda a América Latina, a imagem de Che, no entanto, continuou. Virou ícone *pop* em camisetas, bonés, tatuagens e uma infinidade de produtos da sociedade de consumo. Além disso, foi revisitado por uma imprensa de direita, que considera sua imagem de guerrilheiro idealista e aguerrido como uma farsa e sua vida de revolucionário como uma série de fracassos. Mas também foi revisitado por novos intelectuais e artistas, que reconstruíram-no, tornando o personagem mais humanista. Exemplo é o filme do diretor brasileiro Walter Salles, *Diários de motocicleta* (2004).

Além disso, Che ainda ressurge na mídia, de tempos em tempos, fazendo com que seu nome e seu rosto sejam associados por muitos estudantes ao processo de revoluções socialistas e contraimperialistas que, em meados do século xx, estourou na América Latina.

Essas constantes reaparições podem inspirar um exercício para a sala de aula, no qual as várias versões sobre sua vida são confrontadas, levando os alunos a perceber a não-neutralidade de narrativas históricas, ou seja, os "usos da História". Com isso, também adquirem maior clareza e consciência dos critérios existentes e elegíveis para a escolha dos próprios heróis.

Mansa Mussa e outros personagens da História da África

Os mitos e heróis históricos, a relação dos "grandes homens" com as "pessoas comuns" na história e a própria indagação de se o indivíduo é ou não totalmente determinado pelas estruturas são temas fundamentais ao se trabalhar com biografias junto aos estudantes. Entretanto, o cerne da proposta da biografia como instrumento para o ensino de História é seu valor enquanto forma facilitadora na aproximação dos alunos com a herança histórica da humanidade. Assuntos áridos dos programas de História brasileiros tornam-se mais simpáticos quando associados a pessoas de carne e osso. E nenhuma área dessa disciplina exemplifica isso melhor do que o recente despertar para a História da África no Brasil.

O conteúdo programático associado ao ensino de História da África não é apenas amplo, mas quase que totalmente desconhecido dos professores, o que torna duplamente difícil seu trabalho em sala. Espera-se que o professor desperte o interesse dos alunos para um assunto que muitas vezes nem ele conhece bem. E aqui fica uma sugestão didática: partir de uma biografia.

Abordar, por exemplo, os impérios medievais do Sudão Ocidental, como o Gana e o Mali, trabalhando a partir de figuras como Mansa Mussa torna o conteúdo mais acessível. Mussa foi o rei do Mali que no século XIV realizou uma peregrinação para Meca, deixando uma imagem de opulência digna das *Mil e uma noites* no mundo islâmico. Com essa peregrinação ele escreveu seu nome e o de seu reino nos anais do Islã medieval. Sua caravana era composta por milhares de pessoas, entre servos, concubinas e nobres, além de camelos carregados com toneladas de ouro. Seu objetivo era impressionar e, através desse estratagema, estabelecer novas rotas comerciais para o Mali. E ele conseguiu: sua estada no Cairo desvalorizou a moeda egípcia; seu nome ficou associado ao ouro no Islã e na Europa medieval, e diversos são os relatos sobre sua corte e seu Império.

Ao relacionarmos as estruturas e contextos específicos do Mali medieval com personagens como Mansa Mussa (ou Sundiata Keita, fundador do Império e personagem de uma das mais famosas epopeias da África Ocidental), tornamos um período da História Africana, que nos parece tão distante, mais familiar e acessível.

Muitos outros personagens estão à nossa disposição quando se trata de História Africana: Nzinga Mbandi, rainha do Ndongo, hoje Angola, que ofereceu ferrenha resistência à expansão portuguesa no século XVII; Chaka Zulu, rei dos temíveis guerreiros zulus, da atual África do Sul, que no século XIX conseguiu derrotar o poderoso Império Britânico; e muitos outros.

Francisco Felix de Souza: mercador de escravos

Mas nem só de líderes e artistas famosos vive a história biográfica. Em temáticas como a Escravidão no Brasil, pesquisas recentes têm tentado reproduzir o cotidiano de homens e mulheres forros e escravos através de suas histórias de vida. E, através delas, compreender melhor o próprio cotidiano da escravidão. Nesse sentido, autores como Pierre Verger (com seu *Os libertos: sete caminhos na liberdade de escravos na Bahia do século XIX*)[12] e Alberto Costa e Silva (com *Francisco Felix de Souza: mercador de escravos*)[13] oferecem aos professores narrativas absorventes, em tom de romance histórico, sobre personagens até então anônimos.

A narrativa da vida de Francisco Felix de Souza, o Chachá, baiano sem vintém que se tornou um grande mercador de escravos na África, faz com que os alunos ingressem nas tramas e complexidades da escravidão. Através dela exploramos o fato de que os traficantes de escravos tinham uma origem étnica bem diversificada, não se limitando aos brancos portugueses: Chachá era colono mestiço (ainda que não saibamos mestiço de que), de origem pobre na Bahia, radicado em Ajudá, na atual Nigéria, tendo provavelmente chegado lá como comerciante ou pequeno funcionário e ascendendo socialmente a ponto de se tornar uma importante liderança entre os comerciantes portugueses de escravos naquela parte do mundo.

Entrelaçado com a vida de Chachá está o retrato de Ajudá e da situação política no golfo do Benin, no século XVIII, com destaque para o reino africano do Daomé e as tramas políticas em torno do tráfico de escravos na África.

Sugestões bibliográficas

Muitas são as leituras disponíveis no Brasil acerca da biografia e sua relação com a História e as Ciências Humanas em geral. Sugerimos que o professor, antes de mergulhar na vida de seus personagens selecionados, faça alguma leitura teórica introdutória a esse gênero de narrativa literária e historiográfica.

Para essa primeira aproximação, o artigo de Vavy Pacheco Borges em *Fontes históricas*,[14] "Grandezas e misérias da biografia", funciona como introdução geral. Nesse texto, a autora apresenta um panorama abrangente do que é a biografia, sua relação com a historiografia, focando, por fim, o processo de produção de biografias historiográficas. Trabalho básico para a compreensão das discussões teóricas em torno do tema.

Além disso, alguns dos estudos mais clássicos sobre biografia na História estão acessíveis em português: Giovani Levi e Pierre Bourdieu, por exemplo, publicaram textos definitivos sobre o tema na obra *Usos & abusos da História Oral*.[15]

Saindo da teoria e partindo para os relatos biográficos propriamente ditos, encontramos à disposição do professor um variado leque de biografias no mercado editorial brasileiro.

A coleção *Breves biografias* inclui narrativas sobre a vida de Joana D'Arc, Leonardo Da Vinci, Dante, Napoleão, Mozart e Buda. São obras de ensaístas e escritores, em geral de língua inglesa, além de historiadores de renome como Karen Armstrong e Peter Gay, que abordam as vidas de personagens consagrados pela História ocidental em linguagem simples e formato acessível.[16]

Também a coleção *Perfis brasileiros* trata de personagens consagrados, porém, nesse caso, o foco são grandes líderes da história brasileira, como Nassau, Getúlio e D. Pedro II, além de pensadores como Castro Alves. Todos revisitados por alguns dos maiores historiadores brasileiros, como José Murilo de Carvalho e Evaldo Cabral de Mello.[17]

Mas os exemplos se multiplicam, razão pela qual selecionamos uma pequena lista de obras disponíveis em língua portuguesa, para aqueles que desejam começar a navegar pelo tema a partir das narrativas mais saborosas:

- Júnia Ferreira Furtado, *Chica da Silva e o contratador dos diamantes: o outro lado do mito*, São Paulo, Companhia das Letras, 2003.
  Obra historiográfica que traz os resultados de uma pesquisa de fôlego sobre a escrava mais famosa da história do Brasil, relacionando os fatos da vida de Chica com o contexto da sociedade mineira do século XVIII, o cotidiano da escravidão, as possibilidades de ascensão social. Não deixa também de discutir os mitos em torno da personagem, explorados pela historiografia, literatura e cinema.

- Jorge Castañeda, *Che Guevara: uma vida em vermelho*, São Paulo, Companhia das Letras, 2006.
  Obra-prima do autor mexicano especializado em esquerdas da América Latina, sobre a vida e o mito de Che. Nesse livro, o historiador não ape-

nas segue a vida de Guevara e sua vinculação com a Revolução Cubana, mas também os mitos construídos em torno de seu nome, em vida e pós-morte. Um bom trabalho pode ser feito com a discussão paralela dessa obra com o filme de Walter Salles, *Diários de motocicleta*, de 2004.

- Alberto Costa e Silva, *Francisco Felix de Souza: mercador de escravos*, Rio de Janeiro, UERJ/Nova Fronteira, 2004.
Obra belamente traçada, em que o autor, o maior especialista brasileiro em História da África, conta, em estilo que mescla narrativa literária, relato pessoal e descrição histórica, a história desse personagem que foi um dos maiores mercadores de escravos do Brasil. Através da vida de Chachá, Costa e Silva expõe as contradições da escravidão e o cotidiano da Bahia e do Daomé no século XVIII.

- Georges Duby, *Guilherme Marechal ou o melhor cavaleiro do mundo*, Rio de Janeiro, Graal, 1988.
Nesta obra-prima, o famoso historiador francês compôs um trabalho pioneiro de biografia histórica, escrita totalmente como novela de ficção, mas baseada em extensa pesquisa sobre a sociedade cavalheiresca francesa medieval e trazendo como cenário as estruturas desse momento histórico.

- Jacques Le Goff, *São Francisco de Assis*, Rio de Janeiro, Record, 2005.
Jacques Le Goff, um dos maiores historiadores do Ocidente e grande expoente da Nova História francesa, apresenta uma biografia do fundador da ordem franciscana, desenhando o cenário da Itália na transição do século XII ao XIII, discutindo a situação da Igreja Católica e da religiosidade popular, assim como a transição do feudalismo para o capitalismo. Além disso, o historiador, fascinado pelo personagem, tenta relacionar a obra de Francisco de Assis com preocupações bem pertinentes a nossa própria sociedade, como o ambientalismo, o materialismo e mesmo o feminismo.

- Roy Glasgow, *Nzinga*, São Paulo, Perspectiva, 1982.
Roy Glasgow traça a história do Ndongo, reino que fundamentou as bases da atual Angola no século XVII, através da vida de sua regente mais famosa, Nzinga Mbandi. Nzinga governou seu reino e seu povo contra a expansão portuguesa na África Central, tendo imensa repercussão sobre a própria história do Brasil ao dificultar o tráfico de escravos feito pelos portugueses. Seu nome hoje está associado à resistência anticolonialista africana, e em torno dele diferentes mitos foram construídos. O historiador apresenta uma visão simples e abrangente da rainha, seu período e sua sociedade.

NOVOS TEMAS NAS AULAS DE HISTÓRIA

Materiais alternativos

Uma proposta paralela é a utilização de materiais alternativos – romances, quadrinhos, filmes – para atrair a atenção do aluno para as biografias. Nesse sentido, trazemos algumas sugestões de trabalho que relacionam biografias e arte em perspectiva interdisciplinar:

- O romance do escritor colombiano ganhador do Prêmio Nobel de Literatura, Gabriel García Márquez, *O general em seu labirinto* (Record, 1997), narra a vida de Simon Bolívar, numa leitura irônica do final da vida do chamado Libertador, em linguagem agradável e acessível. A leitura desta obra pode, inclusive, fomentar discussões sobre o atual cenário político na América do Sul, ao fornecer elementos para um diálogo com o discurso político de Hugo Chavez na Venezuela.

- As "biografias em quadrinhos" de *Sundiata* (Companhia das Letras, 2004), fundador do Império do Mali, escrita e desenhada por Will Eisner, um dos maiores autores de quadrinhos de todos os tempos, e de *Buda* (Conrad, 2005), por Osamu Tezuka, são dois bons exemplos de uma forma de narrativa atraente, de fácil assimilação e repleta de possibilidades para o professor de História.
A obra do norte-americano Eisner conta a lenda clássica de Sundiata, fundador do Império Africano do Mali no século XIII. Sua leitura pode ser trabalhada em consonância com outras mídias, como o filme *Kiriku e a feiticeira* (dirigido por Michel Ocelot, 1998), animação francesa que apresenta uma versão de outra lenda da África Ocidental. A conjunção dessas mídias já bem familiares aos estudantes pode facilitar a introdução da História da África em sala de aula de ensino médio e fundamental.
Por sua vez, o *mangá* (história em quadrinhos japonesa) *Buda,* de Osamu Tezuka, desenhista e escritor que revolucionou essa forma de arte no Japão, não apenas trata de Siddhartha Gautama, mas procura recriar sua sociedade, inclusive inserindo diversos personagens paralelos que en-

carnam pessoas de todos os grupos sociais. Além de belamente concebida, a obra, que trafega entre o drama, o humor e a aventura, tem o mérito de trazer uma visão não ocidental de um personagem histórico de grande influência no mundo moderno, em uma linguagem facilmente compreensível para os alunos.

Considerações finais

Tomando como referência os debates historiográficos e construindo uma discussão interdisciplinar com obras das mais diversas mídias, podemos tornar viável e dinâmico o trabalho com a biografia em sala de aula. Considerando a biografia em seu conceito mais simples, de história de uma vida, tomamo-la em sua função mais direta: fazer com que essa vida em particular espelhe o contexto histórico no qual viveu o personagem. Ou seja, a biografia tem seu valor principal para a História como representação de um período histórico. Isso, no entanto, sem menosprezar seu valor *pop*, pois esse é seu maior atrativo para o público leigo, ao criar paralelos com o interesse cotidiano pela "vida dos outros".

Então, ao professor que aceitar o desafio de levar de volta as biografias para a sala de aula fica a tarefa principal de selecionar as biografias e biografados que acredita úteis. Seleção que depende principalmente da relação que fará entre o conteúdo programático, as obras de referência disponíveis e a realidade de seus alunos. Isso considerado, achará revigorante seguir, junto com seus estudantes, o dia a dia e as reviravoltas nas verdadeiras aventuras desses atores históricos.

Notas

[1] Jacques Le Goff, São Francisco de Assis, Rio de Janeiro, Record, 2005; São Luis, Rio de Janeiro, Record, 1999. Georges Duby, Guilherme Marechal, Rio de Janeiro, Graal, 1988.

[2] André Burguière, Dicionário das Ciências Históricas, Rio de Janeiro, Imago, 1993.

[3] Natalie Zemon Davis, O retorno de Martin Guerre, Rio de Janeiro, Paz e Terra, 1987.

[4] Eric Hobsbawm, Pessoas extraordinárias, Rio de Janeiro, Paz e Terra, 2005.

Novos temas nas aulas de História

[5] Carlo Ginzburg, O queijo e os vermes, São Paulo, Companhia das Letras, 1987.

[6] A valorização de narrativas biográficas pelo público de leitores brasileiros é constante, como demonstram os sucessos de obras como *Olga* (Companhia das Letras), lançada em 1985 pelo jornalista Fernando Morais. Morais é hoje um dos maiores nomes do jornalismo brasileiro, tendo dado forma ao jornalismo literário, principalmente com suas biografias de personagens históricos. Além de *Olga*, em que retrata a vida e a morte de Olga Benário Prestes, judia comunista presa pelo governo Vargas e deportada para os campos de concentração nazista, sua obra inclui *Chatô: o rei do Brasil* (Companhia das Letras,1994), em que, através da vida de Assis Chateaubriand, reconstrói o *boom* da grande imprensa brasileira tendo como pano de fundo os fatos que definiram a história do país na primeira metade do século xx. Digno de nota também é seu *Corações sujos* (Companhia das Letras, 2001), no qual o escritor mergulha no mundo das sociedades secretas observando a atuação de uma sociedade secreta japonesa no Brasil da Segunda Guerra Mundial. Em todas essas obras, o autor segue as trajetórias de vida de vários personagens históricos, dos muito conhecidos aos antes anônimos, e a partir dessas vidas reconstrói os cenários históricos. Todas as suas obras logo se tornaram grandes *best-sellers*, em um sucesso constante que ilustra o igualmente constante interesse dos leitores brasileiros nas biografias. E, mais do que isso, com um recente diálogo com o cinema, esse interesse ultrapassou o público de leitores, atingindo outros grupos.

[7] Júnia Ferreira Furtado, Chica da Silva e o contratador dos diamantes, São Paulo, Companhia das Letras, 2003.

[8] Ver Jung Chang e Jon Halliday, Mao: a história desconhecida, São Paulo, Companhia das Letras, 2006. Já Zumbi e Gerônimo podem ser encontrados respectivamente em Joel Rufino dos Santos, Global, 2006; e Gerônimo: uma autobiografia, Porto Alegre, L&PM, 1994.

[9] Vavy Pacheco Borges, "Grandezas e misérias da biografia", em Carla B. Pinsky (org.), Fontes históricas, 2.ed., São Paulo, Contexto, 2006.

[10] Biografias são temas de filmes brasileiros de sucesso de público como Carlota Joaquina, a princesa do Brazil (1994) e Olga (2004).

[11] Erich Maria Remarque, Nada de novo no front, Porto Alegre, L&PM, 2004.

[12] Pierre Verger, Os libertos: sete caminhos na liberdade de escravos na Bahia do século xix, Salvador, Corrupio, 1992.

[13] Alberto Costa e Silva, Francisco Felix de Souza: mercador de escravos, Rio de Janeiro, UERJ/Nova Fronteira, 2004.

[14] Vavy Pacheco Borges, "Grandezas e misérias da biografia", em Carla B. Pinsky (org.), Fontes históricas, 2.ed., São Paulo, Contexto, 2006.

[15] Giovani Levi, "Usos da biografia", e Pierre Bourdieu, "A ilusão biográfica", em Marieta Moraes Ferreira e Janaína Amado (orgs.), Usos & abusos da História Oral, Rio de Janeiro, Fundação Getúlio Vargas, 2002.

[16] Mary Gordon, Joana D'Arc, Rio de Janeiro, Objetiva, 2001. Paul Johnson, Napoleão, Rio de Janeiro, Objetiva, 2003. Karen Armstrong, Buda, Rio de Janeiro, Objetiva, 2001. Peter Gay, Mozart, Rio de Janeiro, Objetiva, 1999.

[17] Evaldo Cabral de Mello, Nassau: governador do Brasil holandês, São Paulo, Companhia das Letras, 2006. Boris Fausto, Getúlio Vargas: o poder e o sorriso, São Paulo, Companhia das Letras, 2006. José Murilo de Carvalho, Dom Pedro ii: ser ou não ser, São Paulo, Companhia das Letras, 2007. Alberto da Costa e Silva, Castro Alves: um poeta sempre jovem, São Paulo, Companhia das Letras, 2006.

GÊNERO

CARLA BASSANEZI PINSKY

A primeira vez que os estudantes ouvem a palavra *gênero* (masculino ou feminino) provavelmente não será no sentido que lhe dão os historiadores, e sim no dos professores de Português. Talvez até passem por todas as séries escolares sem nenhum contato com um dos conceitos mais instigantes presente na historiografia das últimas décadas, desde que ficou claro que as *relações de gênero* são uma dimensão importantíssima das *relações sociais*. Tal lacuna é grave, pois um olhar atento a questões de gênero enriqueceria muito as aulas de História. Atenção, porém: o importante não é o aluno aprender a palavra gênero com um novo sentido, mas entender e saber usar o conceito corretamente. Utilizar a palavra não é errado, mas também não é fundamental. O importante é fornecer aos estudantes elementos para um "olhar de gênero", ou seja, fazer com que eles percebam como o masculino e o feminino têm sido e ainda são representados e, a partir disso, como as sociedades se organizam com base nessas representações. Estamos falando das questões de gênero.[1]

O natural e o social

Os estudiosos que passaram a empregar o conceito de gênero inspiraram-se na Gramática, mas deram-lhe um outro significado, utilizando-o para marcar uma distinção entre cultura e biologia, social e natural. Assim, quando a palavra *sexo* é utilizada, vem à mente a biologia, algo ligado à natureza. O termo *gênero,* por sua vez, faz referência a uma construção cultural: é uma forma de enfatizar o caráter social e, portanto, histórico, das concepções baseadas nas percepções das diferenças sexuais.

Uma ideia de como deixar clara essa distinção no diálogo com os alunos é considerar duas situações:

- Uma mulher com uma barriga proeminente caminha pela rua e algumas pessoas que a observam comentam: "Ela deve estar grávida". Entretanto, essa ideia não passaria pela cabeça delas se se tratasse de um homem gordo.
- Um bebê chora em um berçário de uma grande maternidade. Alguns visitantes, do lado de fora do vidro que separa o bebê da plateia de curiosos, notando sua roupinha cor-de-rosa, pensam: "A menininha está assustada, com medo, coitadinha!" No dia seguinte, o mesmo bebê chorão, agora vestido de macacãozinho azul, suscita o seguinte comentário: "O garotinho está zangado!".[2]

Temos em ambas as situações exemplos de percepções baseadas em um "conhecimento" das diferenças entre os sexos. Entretanto, enquanto a primeira diz respeito a uma interpretação com um fundamento biológico (homem não gesta crianças), a segunda retrata inferências fundadas em pressupostos culturais e chega a ser preconceituosa: as pessoas relacionaram a cor da roupa ao sexo da criança (pensando na prática de vestir meninas de rosa e meninos de azul) e o sexo a determinadas características de personalidade ou capacidade – as mulheres são mais medrosas e frágeis que os homens – uma *concepção* que se desenvolveu em determinada época histórica – é datada, portanto – e que foi se alterando ao longo do tempo, ou seja, tem *historicidade.*

Os "temas de gênero"

Gênero trata da **construção social** da diferença sexual. Quando adotamos a perspectiva de gênero, estamos pensando nas maneiras como as sociedades entendem, por exemplo, o que é "ser homem" e "ser mulher", e o que é que consideram "masculino" e "feminino". Tratamos essas noções como conceitos históricos.

Ideias sobre masculinidade e feminilidade, oposições do tipo "moça de família"/"galinha" (como formas de classificar as garotas a partir de determinadas normas sobre o comportamento sexual) e papéis e identidades tais como "esposa ideal", "pai de família", "chefe da casa", "homossexual", por exemplo, são encarados como concepções produzidas, reproduzidas e/ou transformadas ao longo do tempo, que podem variar em cada contexto social, sendo, portanto, objeto de interesse da História.

> Na Antiguidade clássica, por exemplo, a ideia de "ser homem" era, em alguns aspectos, bastante diferente do que na cultura ocidental moderna. As relações sexuais entre um homem adulto e um jovem (geralmente inferior na hierarquia social) eram frequentes e bem aceitas na civilização greco-romana: o mais velho era visto como sexualmente ativo e mestre do mais novo, que, por sua vez, deveria ser condescendente e passivo durante essa fase da vida. A atração sexual de um homem por um rapaz não excluía necessariamente sua atração por mulheres: as duas coisas eram consideradas legítimas. A falta de barba e de muitos pelos no corpo tornava o jovem objeto passível da atenção e do assédio de homens mais velhos. Porém, quando atingia certa idade em que já era considerado adulto, não era apropriado que tivesse amantes masculinos adultos como ele (sexo entre homens da mesma faixa etária era visto como algo escandaloso). Sem a dignidade conferida a um "homem", aos rapazes cabiam os mesmos adjetivos que diferenciavam as mulheres e os eunucos dos "homens verdadeiros": fracos, passivos, subservientes. Normalmente, era proibido a um homem ter relações sexuais com outro homem livre, mas um marido traído podia legalmente defender sua honra estuprando o amante

> de sua mulher. Nesse caso, como no anterior, sua masculinidade não era posta em dúvida. A classificação de gênero aparecia entrecortada por outros diferenciais de *status*: condição social, cidadania, faixa etária. Além da polaridade "homem"/ "mulher", essa sociedade era marcada por outras classificações como, por exemplo, "homem"/ "não-homem" ou "não totalmente homem".
>
> Na Idade Média, o ato homossexual (sodomia) era condenado como um pecado contra a natureza, passível de ser punido com violência.[3]

Indo um pouco além, observamos que os relacionamentos familiares, as formas de expressar a sexualidade, as ideias sobre maternidade e paternidade, os modos como se dão as relações de trabalho, a divisão de tarefas ou a distribuição social de poderes entre homens e mulheres são compreendidos e se manifestam de maneiras diferentes em cada contexto social, configurando relações de gênero distintas em vários lugares e momentos históricos diversos.

> Na segunda metade do século XIX, no Brasil, o modelo dominante de mulher como a boa mãe e a esposa devotada, exclusivamente dedicada à família, serviu para reforçar as diferenças sociais posto que só poderia ser seguido dentro da esfera da família nuclear burguesa. Esse modelo excluía, portanto, um grande número de mulheres – as escravas e as pobres – consideradas "não-mulheres" ou "menos mulheres" que as senhoras burguesas.

Por que falar de gênero no curso de História?

Capacitar os estudantes para perceber a historicidade de concepções, mentalidades, práticas e formas de relações sociais é justamente uma das principais funções das aulas de História. Ao observar que as ideias a respeito do que é "ser homem" e "ser mulher", os papéis considerados femininos e os masculinos ou a condição das mulheres, por exemplo, foram se transformando ao longo da história (como e por que), os alunos passam a ter uma visão mais crítica de suas próprias concepções, bem como das regras sociais e verdades apresentadas como absolutas e definitivas no que diz respeito às relações de gênero. Também adquirem uma compreensão maior dos limites e possibilidades dos seres históricos (os estudantes entre eles), pois dentro das determinações históricas também é possível fazer escolhas, mesmo em aspectos que, por sua aparente ligação com a biologia, se mostram dificílimos de serem mudados (e melhorados).

> Para familiarizar os alunos com as questões de gênero, o professor pode propor exercícios simples como o de observar crianças brincando. *Na brincadeira escolhida, meninos e meninas participam juntos ou a atividade é considerada apropriada a apenas um sexo? Por quê? Quando algum garoto quer xingar o outro, ele o chama de "mariquinha" ou algo parecido? Por que isso é ofensivo? Quando alguma menina se aproxima para jogar com os meninos e é impedida, quais são os argumentos empregados? E o que acontece quando uma garota não se comporta conforme as expectativas para o seu sexo?* Outras situações também podem servir como "laboratório" para os alunos (por exemplo, uma briga no trânsito, um jantar de família).
> Outra atividade interessante é entrevistar pessoas que foram jovens ou se casaram na década de 1950 sobre como eram os relacionamentos entre homens e mulheres – o namoro e o casamento, por exemplo – naquela época e depois comparar com os dias de hoje. Se o professor achar mais fácil ter uma bibliografia como ponto de partida, pode obter informações no capítulo "Mulheres dos Anos Dourados" que escrevi para o livro *História das mulheres no Brasil.*[4]

Possibilidades do "olhar de gênero" para a História

A pesquisa histórica sobre gênero enriqueceu muito os debates historiográficos e a escrita da História. Menciono aqui algumas dessas contribuições – as que considero mais úteis ou promissoras para os professores. Sobre quais falar em sala de aula, de que forma e a despeito de que assuntos são considerações que cada professor deve fazer tendo em vista as propostas da grade curricular adotada pela escola e a realidade de seus alunos, que ele conhece melhor que ninguém.

Ao abordar qualquer tema de gênero, necessariamente observamos uma **relação**. As investigações sobre a História das Mulheres ou a condição feminina em uma determinada época, por exemplo, necessariamente remetem ao estudo do papel dos homens ou das representações da masculinidade. Um "lado" só pode ser compreendido se comparado com outro e, mais do que isso, num movimento de interação. E, se o feminino existe relacionado ao masculino, qualquer definição ou redefinição de um deve levar em conta o outro.

Assim como as ideias orientam a vida das pessoas, as experiências e as condições materiais de existência, por sua vez, influem na constituição do pensamento – as pessoas passam a agir de acordo com os significados construídos. As concepções de gênero tanto são produto das relações sociais quanto produzem e atuam na construção destas relações, determinando experiências, influindo nas condutas e práticas e estruturando expectativas. Um "olhar de gênero" não só procura o que há de cultural nas percepções das diferenças sexuais como também a influência das ideias criadas a partir destas percepções na constituição das **relações sociais** em geral.

Como elemento constitutivo das relações sociais, gênero interage com outras variáveis como, por exemplo, classe social, etnicidade, grupo etário, *status* familiar. Ao observar tal interação, os historiadores podem compreender melhor as relações sociais em sua grande complexidade.[5] Em cada caso estudado, investigam como tais variáveis afetam a vida dos sujeitos históricos. Verificam, por exemplo, que, em muitas sociedades concretas, não só os homens têm mais poder que as mulheres em geral como também têm poder sobre as mulheres – e isso fica bem claro quando comparam a situação de homens e mulheres da mesma classe social. Entretanto, podem encontrar mulheres com poder sobre outras mulheres e sobre certos homens por conta de sua posição social ou "raça", por exemplo.

Os estudos sobre a escravidão negra, preocupados com a questão de gênero, demonstram que as mulheres negras não eram vistas – ou melhor, socialmente constituídas – como mulheres do mesmo modo que as brancas. As escravas eram vistas, no pensamento dominante, como fêmeas (tratadas como animais, sem quaisquer direitos sobre os próprios filhos), e não como mulheres (seres humanos, esposas em potencial, herdeiras de um nome de família, com direitos sobre os filhos). As negras eram consideradas pessoas sem honra, com as quais os homens brancos podiam se relacionar sem se preocupar com quaisquer das normas de conduta que pautavam seu relacionamento com mulheres brancas. As mulheres brancas deveriam *obedecer* a seu pai e, depois do casamento, a seu marido. Já as "negras" escravas eram *propriedade* de alguém "branco", incluindo senhoras, e transmitiam a condição escrava para seus filhos. Nesse caso, é bem nítido que as relações de gênero estão entrelaçadas com as relações raciais e a realidade econômica.

Aliás, o assunto Escravidão no Brasil ganharia muito se fosse abordado em sala de aula sob a perspectiva de gênero. Ao mostrar para os alunos, por exemplo, o funcionamento do sistema escravista, que tratava pessoas como mercadorias, o professor pode aprofundar o tema falando da divisão de tarefas entre escravos e escravas, da violência sexual contra as cativas, das enormes dificuldades (quando não total impossibilidade) em constituir famílias, da sexualidade diferenciada (entre outras coisas por conta do desequilíbrio numérico entre "machos" e "fêmeas"). Ao falar dos quilombos, pode mostrar, entre outras coisas, que, embora fossem um espaço de liberdade naquela sociedade escravista, não acabaram com a hierarquia dominante de gênero em que o masculino exerce maior poder.

Os historiadores apontam a grande variedade de definições de masculinidade e de feminilidade e **como elas se relacionam com o funcionamento das sociedades** não apenas na vida familiar, mas também nas instituições políticas e atividades econômicas em

Novos temas nas aulas de História

situações concretas. Suas pesquisas demonstram que concepções de gênero afetam as relações entre as pessoas e grupos de pessoas não só quando se trata de relacionamentos entre mulheres e homens. Estão presentes, por exemplo, nas instituições militares, no trato entre pai e filho, entre mulheres e mulheres (como mãe e filha, senhora e escrava, professoras e alunas). Estão presentes também nas ocupações profissionais, nas políticas públicas, nas artes, nos discursos científicos e filosóficos, nas ideias de cidadania.

> Lembremos, como exemplo, as concepções sobre natureza e ciência presentes no pensamento iluminista do século XVIII: os iluministas celebravam a capacidade da mente humana em desvendar os segredos da natureza. Essa capacidade para realizar proezas científicas era entendida como uma qualidade masculina; a natureza, por sua vez, era vista como feminina, "uma mulher fértil", ou uma força a ser domesticada pelos homens. Muitos adeptos do iluminismo, como o famoso Rousseau, duvidavam das capacidades intelectuais das mulheres. Para eles, as mulheres, por sua "natureza distinta", não conseguiam raciocinar do mesmo modo que os homens – elas seriam excessivamente movidas pelas paixões, uma tendência perigosa ao bom funcionamento da sociedade. Alguns desses filósofos chegavam a defender a ampliação de direitos políticos para os homens comuns, os escravos, os judeus, os índios, mas não para as mulheres, posto que estas deveriam manter-se sempre sob a tutela masculina. Por conta disso, a maior parte dos homens das Luzes defendeu o ideal de mulher silenciosa, casta, modesta e subserviente e condenou as independentes e poderosas.[6]

> Determinadas concepções de gênero estão presentes nos modos de fazer e pensar ciência em maior ou menor grau em todas as áreas, por exemplo: quando os livros de História do início do século XX ignoram a relevância da participação das mulheres na dita História Geral ou falam do "homem universal" como se se tratasse apenas do branco, do sexo masculino e ocidental; quando os médicos do século XVI atribuem à fisiologia

> feminina certos desregramentos e pecados ou quando seus colegas dos anos 1960 afirmam que as mulheres não virgens são mais nervosas; quando certos sociobiólogos, ainda hoje, defendem como verdades científicas ideias como a da "tendência masculina para a infidelidade" em oposição à "tendência feminina para a monogamia".

Os pesquisadores podem reconhecer as marcas das referências feitas à diferença sexual na leitura de diversos fenômenos sociais, não só nos que dizem respeito à família, ao doméstico ou à vida privada, mas também aos relativos ao desenvolvimento urbano e tecnológico, ao comércio e às trocas, às religiões, às migrações, à situação de minorias étnicas, à distribuição de riqueza e poder, às relações de trabalho e aos movimentos históricos (como colonização, revoluções, revoltas sociais etc.).

> No nazismo, o ideal de superioridade racial de determinados seres humanos sobre outros era simbolizado pelo "homem viril", "ariano" e nórdico. O Estado totalitário nazista, associado a diversos símbolos de *masculinidade,* procurava controlar a *sexualidade das mulheres.* Ele adotava uma política natalista para as alemãs (para obter mais e mais soldados) e uma outra, de extermínio, para as mulheres que considerava de "raça inferior". Estas eram submetidas a atrocidades como a *esterilização* compulsória e o assassinato em massa.[7] O domínio nazista nos apresenta um exemplo bastante nítido da utilização de concepções de gênero para legitimar relações de poder.

Os Estudos de Gênero são, em grande medida, herdeiros da História das Mulheres e sua preocupação em dar visibilidade às mulheres na História. Depois do grande avanço historiográfico que foi o reconhecimento do lugar das mulheres na História, os historiadores passaram rapidamente a focalizar as relações entre os sexos até que muitos resolveram adotar a perspectiva de gênero reconhecendo suas evidentes vantagens para a compreensão do social. Nesse processo, ganharam destaque também as pesquisas preocupadas com as

NOVOS TEMAS NAS AULAS DE HISTÓRIA

experiências masculinas, estudadas em sua especificidade. A História do "homem enquanto homem" se tornou muito mais visível em pesquisas que estudam ambientes masculinos (por exemplo, a vida nos exércitos ou o cotidiano nos navios piratas), a condição masculina (paternidade, sexualidade) ou as experiências diferenciadas por gênero em determinadas classes sociais, grupos étnicos ou etários. Mesmo um assunto que para muitas pessoas parece dizer respeito exclusivamente aos homens, como a História das Guerras, na perspectiva de gênero, abarca muito mais possibilidades e enfoques.

> Um olhar sobre a Primeira Guerra Mundial, por exemplo, pode tratar da história da virilidade, da linguagem da guerra e seus símbolos cheios de "referências sexuais", dos movimentos pacifistas (integrados especialmente por mulheres durante e logo depois do conflito) e a condução da guerra (uma forma de confronto direto entre grupos de homens), das suas consequências entre as populações civis (desmantelamento de famílias, desequilíbrio demográfico no que diz respeito à razão de sexo, aumento da prostituição e do número de órfãos).[8]

> Em inúmeras guerras ao longo da história, soldados adotam a prática de violentar as mulheres dos inimigos. Esse gesto, além de servir aos prazeres sexuais masculinos, tem a função de enfatizar a "virilidade" e a potência dos combatentes, humilhar e aterrorizar os opositores. No recente conflito entre bósnios, sérvios e croatas (1992-1995), o estupro foi sistematicamente usado como instrumento de guerra (inúmeras mulheres bósnias foram violentadas por soldados sérvios). As consequências mais sensíveis foram a degradação física e moral das vítimas, traumas diversos, difusão de doenças venéreas e nascimentos indesejados. Nesse caso específico, em contraste com outras épocas, a prática foi rapidamente denunciada e criticada por organismos internacionais – uma coalizão de feministas e ativistas dos direitos humanos obteve a condenação internacional de toda e qualquer violência baseada em gênero (*gender-based violence*) e a designação de "crime de guerra" para práticas de estupro em conflitos armados.[9]

Para dar uma ideia do alcance de voo da perspectiva de gênero, basta mencionar a existência de pesquisas históricas que não tratam direta e imediatamente de homens e mulheres concretos, e sim de concepções masculinas e femininas presentes no desenrolar histórico. Alguns historiadores desenvolvem estudos interessantíssimos sobre a influência de ideias de gênero em determinadas concepções de civilização ou em formulações nacionalistas, por exemplo.

A França dos anos 1920 viveu uma crise cultural em consequência da Grande Guerra. Além dos abalos sofridos nas formas de expressão artística, intelectual e religiosa, os antigos limites que distinguiam homem e mulher ficaram estremecidos. Os homens haviam deixado suas casas para combater, perdendo o controle sobre suas famílias. As mulheres passaram a exercer papéis antes considerados masculinos, inclusive nos postos de trabalho, desafiando ideias dominantes de gênero. Os contemporâneos, então, usaram ideias de gênero como metáfora central da crise em que o país estava mergulhado. A "fragilidade da civilização" foi identificada com o abalo da "distinção natural" (tradicional) entre os sexos. A *la garçonne* ou "mulher moderna" (ativa, independente, de cabelos curtos e roupas mais largas) e o veterano de guerra (frágil, perturbado, não adaptado e com problemas sexuais) foram as imagens da confusão de gênero e também do alegado comprometimento da civilização. As campanhas e o empenho nacional em "recuperar a masculinidade" (anterior à devastação da guerra) e a "feminilidade" burguesa (dos ideais de submissão feminina e maternidade estabelecidos no século XIX) visaram reverter esse quadro no país.[10]

Em alguns movimentos anticolonialistas e/ou nacionalistas, a identidade nacional se fortalece na supervalorização da "tradição" contra os "costumes estrangeiros", o que acaba tendo implicações de gênero como a ênfase nas antigas formas de relação familiar, na submissão das esposas, no retorno ao modo tradicional de se vestir (com a imposição do véu para as mulheres, por exemplo), na volta de velhos costumes sexistas. No caso

> do Irã atual, por exemplo, a demarcação e o reforço de uma certa identidade nacional e religiosa tem se valido da recuperação de valores arcaicos baseados em preceitos fundamentalistas que pregam a submissão feminina em oposição aos chamados "valores ocidentais".[11]

> No Japão Meiji, quando o governo procurou contrabalançar a tendência à modernização com o reforço de valores orientais, o comportamento das famílias da aristocracia e dos samurais tornou-se o modelo para toda a sociedade, como símbolos que refletiriam plenamente a "alma japonesa". Assim, as japonesas abraçariam os valores de mulheres que há muitos séculos viviam longe do trabalho com a terra ou o comércio, dedicando-se às artes e mantendo a pele clara longe dos efeitos do sol. (A mulher do povo jamais conseguiria se igualar a elas, mas o ideal agora estava em seu horizonte.) Dessa época até o fim da Segunda Guerra, em 1945, as mulheres foram incentivadas a gerar filhos em nome do progresso da nação que se formava e como contribuição às forças armadas. A média de filhos por família, nesse período, chegava a cinco.[12]

Parece estar bem claro, mas não custa enfatizar: na perspectiva de gênero, o objeto da investigação não precisa ser necessariamente a categoria empírica "mulher" (ou "homem"). Na constituição das relações e significados de gênero, vários elementos estão envolvidos: os símbolos, as normas sociais, a organização política, econômica e social e a subjetividade.

Os **símbolos**, os **mitos** e os **modelos** apoiam-se em representações de gênero de acordo com cada contexto em que são invocados. Ideias como "mãe natureza", "deus-pai", "pai da pátria", "mulher fatal", "anjo (ou rainha) do lar", entre outras, são exemplos das referências mais comuns. Como variam em certos aspectos ao longo da história, sua contextualização é muito importante. Em alguns casos, as evocações de gênero podem ser múltiplas e, por vezes, até contraditórias, como nas oposições: "puta" e "santa mãezinha",[13] Eva e Maria,[14] virtude e desonra, força e fragilidade.

> No mundo mediterrâneo do século XIX, a contrapartida da honra masculina era a virtude feminina simbolizada pela virgindade antes do casamento, pela pureza e ignorância sexual e pela fidelidade ao marido. A honra de um homem (a quem eram permitidas liberdades sexuais com o sexo oposto) dependia, entre outras coisas, do controle que ele era capaz de exercer sobre a sexualidade da esposa e das filhas, e podia ser "defendida com sangue" caso fosse desafiada. Essa noção de honra não dizia respeito somente à história de vida pessoal ou familiar, era também uma referência na organização das relações sociais ao comprometer a transmissão de poder e riquezas materiais (heranças e alianças econômicas e políticas baseadas no parentesco, por exemplo) e depender da manutenção de uma rígida hierarquia de gênero.

> Na França do Antigo Regime, a autoridade do rei sobre seus súditos é assemelhada à autoridade do pai sobre seus filhos, ambas consideradas como naturais e inquestionáveis, sendo que o rei, o "pai", só deve prestar contas a Deus, pois o poder que exerce aparece como incontestável e seus interesses, como a síntese dos interesses da "família", o povo francês, da qual é o chefe.

> O modelo republicano de mulher que surge nos Estados Unidos depois da Revolução Americana é o da "mãe" que, embora não se imiscua nos assuntos públicos (em 1808, o direito de voto é reservado ao sexo masculino) e dedique-se de corpo e alma à família, é chamada a formar os novos cidadãos americanos, os "filhos da nação", que "prezam a liberdade". As atividades domésticas das mulheres adquirem, a partir de então, um caráter cívico e seu papel social passa a ter uma nova dimensão: a de "velar pela construção do país em termos de virtude e moral".[15]

Normas sociais que se relacionam com as representações de gênero estão presentes, por exemplo, em doutrinas religiosas, concepções educacionais, projetos políticos, condutas jurídicas, dinâmicas familiares, escolhas de parceiro, noções de progresso.

Novos temas nas aulas de História

> Nas normas do modelo tradicional de família consolidado na Europa no século XIX, o papel de provedor é atribuído ao homem enquanto a mulher deve se dedicar exclusivamente aos afazeres domésticos e ao cuidado dos filhos e do marido. O homem é o "chefe da casa" e a mulher é submissa às suas vontades. A masculinidade é associada à força, ao trabalho produtivo, à coragem; já a feminilidade, ao instinto maternal, à fragilidade, à dependência. As religiões que se pautam por essas normas prescrevem-nas a seus fiéis como se fossem leis sagradas. Os projetos de políticas públicas, com base nessas ideias, podem desestimular a participação feminina no mercado de trabalho, o qual, por sua vez, encontra boas justificativas para pagar às mulheres salários mais baixos que aos homens. Os procedimentos jurídicos podem privilegiar o pátrio poder ou condenar fortemente as adúlteras. A educação de meninos e meninas se dá de maneira diferenciada conforme o que se espera deles no futuro. Os cientistas procuram provas da inferioridade intelectual e da passividade femininas, ou interpretam as relações entre os animais que estudam pelas mesmas normas que "regem" os humanos. Os moralistas classificam os comportamentos femininos e masculinos adequados e condenáveis. E as próprias escolhas de parceiros conjugais acabam considerando as normas sob o risco das sanções sociais.

As normas dominantes, em cada sociedade e cada época, são definidas a partir da repressão de outras possibilidades. Nas aparências, essas normas surgem como as únicas ou as corretas, embora tenham se constituído não somente a partir de consensos, mas também de lutas e conflitos e possam ser contestadas em um momento ou outro.

As práticas **políticas**, **econômicas** e **sociais** também fazem parte da construção de gênero que inclui a discriminação sexual no trabalho, no sistema político, na organização familiar e nas formas de lazer.

> Nos grupos humanos precedentes à Revolução Agrícola havia uma divisão sexual de tarefas: aos homens cabia a caça e a preparação de todo equipamento

para essa atividade, enquanto as mulheres colhiam e cuidavam das crianças pequenas. Embora as atividades econômicas fossem complementares e a coleta fosse de fato a que propiciasse na maioria das vezes mais alimentos ao grupo, a caça, por sua raridade, era simbolicamente mais valorizada. A força física, relevante para as constantes atividades guerreiras, também tinha grande poder de dissuasão, colaborando para a preponderância masculina. Quando grupos humanos mudam sua atividade econômica prioritária da caça e coleta para a agricultura, a desigualdade entre homens e mulheres aumenta. Com o advento da agricultura, os homens ficaram responsáveis por derrubar os bosques e preparar a terra para a plantação, deixando a rotina da lavoura mais nas mãos das mulheres. Os nascimentos (antes limitados pelas dificuldades dos constantes deslocamentos) aumentaram em número com o sedentarismo, a maior oferta de alimentos e um melhor aproveitamento do trabalho infantil. Com isso, as mulheres ficaram ainda mais atreladas aos afazeres domésticos. Na economia, o trabalho feminino passou a ser visto como suplementar e não mais tão importante como no tempo da caça e coleta. Os homens ganharam maior autoridade e poder sobre a propriedade e a família. Essas mudanças colaboraram para distanciar homens e mulheres, não só em termos de papéis e funções, mas em termos de importância social. Assim, o que traduz a desigualdade não é a divisão do trabalho em si, mas o valor que as sociedades atribuem às atividades desempenhadas.[16]

Com a Revolução Industrial e por todo o século XIX, as mulheres trabalhadoras ganhavam de metade a dois terços do que ganhavam os homens. Além de trabalharem por salários mais baixos, atuavam nos setores menos prestigiados da economia e/ou mais vulneráveis à flutuação, geralmente em tarefas "não qualificadas" e em posições subordinadas. Os baixos salários para solteiras eram justificados pela ideia de "só precisarem sustentar a si mesmas" e para as casadas, "por terem marido para sustentá-las" – na verdade, refletiam a tradicional

Novos temas nas aulas de História

> desvalorização do trabalho feminino que prevalecia na cultura. Sendo assim, independentemente de ser solteira, casada, ou principal provedora da família, a mulher recebia um salário considerado suplementar. O fato de certos empregadores contratarem prioritariamente mulheres para determinados serviços significava que queriam diminuir seus custos com mão de obra. O trabalho para o qual eram contratadas passava, com o tempo, a ser visto como "de mulher", "adequado ao feminino" e encarado como sendo de baixa produtividade.[17]

As **subjetividades** também são influenciadas pelas relações de gênero que, entre outras relações sociais, definem os modos e os limites pelos quais uma pessoa é educada, tem experiências familiares, afetivas e de trabalho, vê o mundo e a si mesma e é vista pela sociedade, em época e contexto determinados. Porém, se a interpretação subjetiva ocorre numa estrutura fornecida pela cultura, as pessoas podem refletir sobre suas experiências, reformular suas memórias e agir sobre sua situação determinada, podendo até contribuir para uma reestruturação das concepções de gênero.

> A educação formal para as mulheres não era valorizada no século XIX, pois a ideologia dominante lhes outorgava instrução apenas para que cumprissem os papéis femininos tradicionais. Insatisfeitas, algumas mulheres empenharam-se na dificílima luta pela ampliação da educação feminina e o preparo profissional das mulheres. O combate foi feito principalmente por mulheres das classes média e alta que, a partir da segunda metade do século XIX, encorparam campanhas e manifestos para obter para si e suas descendentes o direito que seus irmãos, companheiros e filhos homens tinham de frequentar escolas e universidades. A primeira batalha foi a defesa da "educação igual" (pois a educação diferenciada por sexo não fornecia às jovens os pré-requisitos para o ingresso em cursos mais avançados). Outros obstáculos enfrentados foram as oposições no interior das famílias e as resistências das próprias ins-

> tituições de ensino, dos estudantes homens, dos professores e dos legisladores. Ao serem finalmente admitidas na faculdade, tinham que lutar pelo direito de cursar todas as matérias e completar os estudos; se os completavam, tinham que lutar pelo direito ao diploma e, se o obtivessem, deviam enfrentar os obstáculos que se lhes apresentavam relativos ao exercício da profissão escolhida.[18] O que teria ocorrido se todas tivessem desistido?

As concepções de gênero são tanto produto das **relações de poder** quanto parte da construção dessas próprias relações, pois, em muitos casos, são usadas como referencial para a distribuição de poder nas sociedades. Discriminações de gênero, as mais variadas, podem servir para justificar distribuições diferenciais de riquezas (salários desiguais, regras distintas de sucessão e herança), relações de dominação/subordinação (na família, no trabalho, nas instituições religiosas), usufruto desigual de espaços sociais ou no acesso a certos conhecimentos.

> Os argumentos de que o exercício do direito de voto por parte das mulheres traria conflitos para os lares, desviando-as de suas funções "naturais", ou de que a "natureza feminina" as torna incapazes de escolher racionalmente, por exemplo, foram constantemente utilizados como forma de impedir a participação feminina na política. Mesmo nos dias de hoje, nos países onde as mulheres têm reconhecido o direito ao sufrágio, as instituições políticas, as formas de ascensão aos quadros diretivos e os preconceitos de gênero arraigados têm impedido muitas mulheres de ocuparem postos de direção governamental na mesma proporção de sua presença como eleitoras.[19]

> Na época da Revolução Francesa, a política da monarquia era associada a características femininas pelo discurso dos opositores do regime. Esta associação era feita de maneira pejorativa: a política praticada na corte, cheia de intrigas, corrupção e imoralidade era chamada de "política de alcova" e passou a ser taxada de "modo feminino de fazer política". Em contrapartida, o ideal da

> República (a política transparente, do espaço público) era associado, positivamente, ao masculino. O caráter do espaço público burguês seria "masculino", superior a outras concepções de política. Essa interpretação fornece pistas para a compreensão das justificativas ideológicas que serviram à exclusão das mulheres da participação na política oficial no momento histórico em que a Revolução burguesa se consolidava. Também ajuda a entender como o "masculino" passou a ser associado à "virtude republicana" e por que a crítica da autoridade arbitrária não chegou com força ao interior da família burguesa.[20]

Entretanto, não existe apenas uma forma de poder. A história está repleta de exemplos de pessoas que, apesar de não exercerem o poder oficialmente ou de forma evidente, exercem poderes nos bastidores (como, por exemplo, as donas de casa no século XIX que controlavam a economia doméstica). Algumas vezes, esses poderes são socialmente reconhecidos, em outras não. Também podem ser vistos como ameaças à estrutura hegemônica ou como poderes complementares ou compensatórios.

> No Japão, como em outras sociedades pré-modernas, era dentro do ambiente doméstico que as mulheres detinham algum poder. Apesar de estar sempre servindo o jantar, de ser a última a poder comer ou tomar o banho de imersão (*ofurô*), a esposa e mãe tinha lugar de destaque na dinâmica da família como símbolo do calor e do conforto. A administração do lar no meio rural significava que era dela o controle da quantidade de arroz disponível para ser consumido naquele ano. A máxima popular da "boa esposa e mãe sábia" norteava de forma integral a vida das mulheres dentro dos domínios da casa. A autoridade familiar, por outro lado, era do marido, o responsável pela "vida fora de casa".[21]

Concepções de gênero podem definir e legitimar relações de poder, mas seria ingênuo imaginar que sejam as únicas no interior das sociedades. Afinal, as sociedades são estruturadas e se desenvolvem a partir de continuidades e de rupturas. Falemos, pois, de como as mudanças podem ocorrer.

As mudanças na história

Pesquisas têm mostrado que movimentos sociais, rebeldias individuais, transformações econômicas, crises demográficas, entre outras coisas, podem servir para repensar os termos de gênero ou para reforçar conceitos tradicionais sob novas aparências. São os processos históricos que determinam os resultados. E, nesses processos, as pessoas podem desempenhar um papel importante: quando indivíduos insistem em adotar padrões diferenciados ou assumir atitudes que desafiam normas do comportamento apropriado, ameaçam e podem chegar a subverter as relações de gênero estabelecidas, participando, assim, da reformulação dessas relações. Masculino e feminino podem receber definições alternativas e incorporar possibilidades antes negadas ou reprimidas.

> A ideia de "trabalhador" foi modificada com a entrada das mulheres em setores do mercado de trabalho antes reservados aos homens. O próprio termo "mulheres trabalhadoras" se alterou no decorrer da industrialização que possibilitou novas percepções do que significava ser mulher. A ideia de que a mulher é frágil, destinada apenas à procriação e às tarefas domésticas pôde ser contestada com a participação feminina crescente nas oportunidades abertas pelo desenvolvimento industrial.

A realidade social define os parâmetros de escolhas possíveis dos sujeitos históricos que, dentro das determinações de seu tempo (as "condições objetivas"), também participam dos processos de construção, manutenção e contestação dos significados e das relações de gênero (e, consequentemente, da distribuição de poderes marcadas por concepções de gênero) em uma certa ordem social.

Essa ordem fica ameaçada, entre outras coisas, quando é questionada pela ação de sujeitos que, conscientemente ou não, coletiva ou individualmente, desafiam, burlam ou tentam transformar seus limites. Assim, as transformações históricas nas relações pautadas por gênero estão ligadas tanto a mudanças no contexto socioeconômico, nas sensibilidades e nas interpretações culturais quanto nas resistências e reivindicações concretas de sujeitos históricos.[22]

Agora, um último argumento para tentar conquistar definitivamente os professores de História para a perspectiva de gênero: a preocupação com gênero está ajudando a reescrever a História. Além de "acrescentar as mulheres aos livros de história", a própria História passou a ser repensada em termos de temas, de narrativas e de abordagens. Fatos frequentemente ignorados na narrativa histórica, como a contracepção ou a evolução das roupas (que se mostraram cruciais na melhoria da qualidade de vida das mulheres), passam a receber atenção. Vários trabalhos oferecem novas narrativas e apresentam novas causas e consequências para o desenrolar do processo histórico. Historiadores já repensam as caracterizações e ideias de avanços e retrocessos históricos em temas e periodizações tais como: Renascimento, Revolução Francesa, Classe Trabalhadora, A Conquista da América. Na própria História da cidadania, constatam a força das diferenças de gênero.

> Em determinados momentos de ampliação de direitos e progressos democráticos, as mulheres não foram favorecidas do mesmo modo que os homens. A Revolução Francesa – um marco inegável na história da cidadania – afetou de maneira paradoxal a história das mulheres. Foi, de fato, um evento crucial na trajetória das lutas por direitos das quais se beneficiam todas as pessoas (ao deixar claro a possibilidade de romper com tradições arraigadas e a hierarquia de poderes estabelecida, mostrando que seres humanos sem poder ou privilégios podem lutar para mudar o mundo). Entretanto, para as mulheres, teve alguns efeitos específicos. Nos momentos iniciais, elas estiveram na linha

de frente das manifestações populares, os direitos das mulheres foram reivindicados como parte dos direitos humanos universais, donas de casa saíram às ruas exigindo que o Estado protegesse os menos favorecidos. Com o desenrolar dos acontecimentos, as ativistas pelos direitos iguais foram derrotadas e as conquistas específicas femininas (participação política, porte de armas, frequência a estabelecimentos de ensino) acabaram desprezadas, abrindo caminho para que o ideal de domesticidade e a exclusão política das mulheres vigorassem fortalecidos no século xix. A partir de então, as mulheres não colhem na mesma medida que os homens do povo os avanços na legislação, sendo que algumas vezes esses próprios avanços significam para elas discriminações ainda mais evidentes.[23]

Com o volume de informações levantado por pesquisas parciais, alguns historiadores já se aventuram na comparação de sociedades e civilizações, observando mudanças mais gerais e significativas nos processos de longa duração a partir do foco nas relações de gênero. Nessa linha, depois de identificar tendências e padrões de grande envergadura, aventuram-se em análises do que afinal é capaz de mover a história e em quais sentidos.

Propostas de trabalho em sala de aula

Em cada assunto da matéria, o professor pode destacar as questões de gênero que considerar mais interessantes, tomando como base os exemplos que apresentei no texto de acordo com o que for apropriado a cada classe e turma.

Sou favorável a que, entre as atividades escolares, os alunos leiam textos escritos por historiadores. Por que não? A desculpa do grau de dificuldade não pode mais ser dada, pois existem no mercado editorial livros que procuram falar a um público mais amplo de leitores sem perder a seriedade. Que tal apresentá-los aos alunos em trechos, capítulos ou na íntegra? (ver sugestões adiante). Há também os paradidáticos – como *A mulher na Idade Média*,[24] *A escravidão no Brasil*,[25] *Grécia e Roma*[26] – escritos especialmente para os estudantes e que, entre outras, abordam questões de gênero. O contato com romances históricos, biografias ou peças de teatro (que tratam de sagas familiares, honra, casamento, escravidão, preconceito, piratas) também pode ser fascinante. Sugiro:

- **peças de teatro**: *O casamento do pequeno-burguês* (de Bertolt Brecht, 1919); *Casa de bonecas* (de Henrik Ibsen, 1897).

- **ópera**: *La traviatta* (de Giuseppe Verdi com libreto de Francesco Maria Piave, 1853, baseado no romance *A dama das camélias*, de Alexandre Dumas Filho), existe em DVD.

- **romances**: *Os Buddenbrooks* (de Thomas Mann, 1896); *Madame Bovary* (de Gustave Flaubert, 1857); *Razão e sensibilidade* (de Jane Austen, 1811); *A moreninha* (de Joaquim Manuel de Macedo, 1844); *O cortiço* (de Aluísio de Azevedo, 1890), *Ciranda de pedra* (de Lygia Fagundes Telles, 1953), *Moça com brinco de pérola* (de Tracy Chevalier, 1999).

- **biografias** ou relatos sobre a vida em países muçulmanos.

- **contos**: *Mateo Falcone* (de Mérimée, 1829), sobre a questão da honra masculina na Córsega do século XIX.

- **filmes**:
  A guerra dos botões (La guerre des boutons, dir. Yves Robert, França, 1962)
  Trata da convivência de meninos num vilarejo francês que têm suas próprias regras e questões de honra.

  Uma equipe muito especial (A league of their own, dir. Penny Marshall, Estados Unidos, 1992)
  Sobre a liga feminina de beisebol criada nos Estados Unidos durante a Segunda Guerra, quando mulheres ocuparam "espaços masculinos".

CARLA BASSANEZI PINSKY

Razão e sensibilidade (Sense and sensibility, dir. Ang Lee, Inglaterra, 1995)
A história de duas irmãs inglesas diante das regras sociais do século XIX.

Lanternas vermelhas (Da hong deng long gao gao gua, dir. Yimou Zhang, China/Hong Kong/Taiwan, 1991)
Em 1920, uma jovem chinesa é obrigada a se casar com um homem poderoso que já possui outras três esposas com as quais ela passa a disputar poder.

Adeus minha concubina (Ba Wang Bie Ji, dir. Kaige Chen, China/Hong Kong, 1993)
A trajetória de dois atores da Ópera de Pequim a partir de 1925, sendo que um deles atua em papéis femininos.

A bela do palco (Stage beauty, dir. Richard Eyre, Inglaterra/Alemanha/Estados Unidos, 2004)
Em 1660, os papéis femininos no teatro eram sempre representados por homens, até que o rei Charles II ordena que as mulheres também integrem as companhias teatrais.

Sugestões bibliográficas

É difícil encontrar bibliografia específica que fale literalmente de gênero em História, em língua portuguesa e em linguagem acessível. Entretanto, não creio que isso seja impedimento, pois os professores de fato interessados e bem instrumentalizados no "olhar de gênero" podem encontrar material para suas aulas em bons livros de História das Mulheres (estes, sim, fáceis de localizar no Brasil), História da vida privada ou em sínteses abrangentes como *A era dos extremos,* de Eric Hobsbawm,[27] ou *História da cidadania,*[28] em que uma leitura atenta consegue pinçar as questões de gênero. Algumas outras sugestões:

- Peter N. Stears, *História das relações de gênero*, São Paulo, Contexto, 2007.
  Valendo-se de uma grande variedade de exemplos, da pré-história ao século XXI, e abarcando diferentes sociedades, da China às Américas, da

África ao norte da Europa, passando por Oriente Médio, Rússia, Japão e Austrália, Peter N. Stears, num livro brilhante, retrata os encontros culturais mais significativos da história mundial e seus efeitos sobre as relações de gênero.

- Georges Duby e Michelle Perrot (orgs.), *História das mulheres*, Porto/São Paulo, Edições Afrontamento/Ebradil, (1994, v. 1; 1995, v. 5).
São cinco volumes, da Antiguidade ao século xx, que privilegiam as mulheres como tema histórico – sua condição, lugar, papéis e poderes, ação e repressão, palavras e representações –, numa perspectiva relacionada com o todo social.

- Mary Del Priore (org.), Carla Bassanezi (coord.), *História das mulheres no Brasil*, 9. ed. 1.reimp., São Paulo, Contexto, 2008.
Em linguagem acessível, mostra como nasciam, viviam e morriam as brasileiras no passado e o mundo material e simbólico que as cercava, do Brasil colonial aos nossos dias. Percebe a história das mulheres como algo que envolve também a história das famílias, do trabalho, da mídia, da literatura, da sexualidade, da violência, dos sentimentos e das representações. Abarca os mais diferentes espaços (campo e cidade, norte e sul do país) e extratos sociais (escravas, operárias, sinhazinhas, burguesas, donas de casa, professoras, boias-frias).

- Michelle Perrot, *Minha história das mulheres*, São Paulo, Contexto, 2007.
Esse livro nasceu de um programa de rádio disposto a divulgar, para um público de não especialistas, o conteúdo de mais de 30 anos de pesquisas e reflexões acadêmicas de uma das pioneiras mais respeitadas da área. Está dividido em cinco capítulos temáticos ("Escrever a História das mulheres", "O corpo", "A alma", "O trabalho das mulheres", "Mulheres na cidade") e estabelece um explícito diálogo entre passado e presente.

- Göran Therborn, *Sexo e poder: a família no mundo (1900-2000)*, São Paulo, Contexto, 2006.
Compara mudanças ocorridas no século xx nos principais sistemas familiares mundiais a partir de fontes históricas, jurídico-políticas, demográficas e antropológicas. A linguagem é acadêmica, mas o conteúdo vale o esforço.

CARLA BASSANEZI PINSKY

Notas

[1] Nos Estudos de Gênero existem diversas linhas teóricas (em alguns aspectos até incompatíveis). Para este texto, escolhi as propostas que, a meu ver, são as mais interessantes para a História. Ao fazer essa escolha, tomei como base ou inspiração textos de Gisela Bock (Storia, storia delle donne, storia di genere, Florença, Estro Strumenti, 1988; "Women's history and gender history: aspects of an international debate", em Gender & History, v. 1, n. 1, Oxford e New York, Basil Blackwell, 1989); de Sueann Caufield ("Getting into trouble: dishonest women, modern girls and women-men in the conceptual language of *Vida Policial* (1925-1927)", em Signs 19, 1, University of Chicago Press, 1993); de Joan Scott ("Gender: a useful category of historical analisys", em The American Historical Review 91, 5, University of Chicago Press, dez. 1986; e Gender and the Politics of History, New York, Columbia University Press, 1988); de Louise Tilly ("Gênero, História das Mulheres, História Social", em Cadernos Pagu 3, Campinas, Núcleo de Estudos de Gênero Pagu, Unicamp, 1993); de Eleni Varikas ("Gênero, experiência e subjetividade: a propósito do desacordo Tilly-Scott", em Cadernos Pagu 3, Campinas, Núcleo de Estudos de Gênero Pagu, Unicamp, 1993; e "Féminisme, modernité, postmodernisme: pour un dialogue des deux côtés de l'océan", em Eleni Varikas, Féminismes au présent, Futur antérieur, Supplément, Paris, L'Harmattan, 1993, pp. 53-84); e de Carla Bassanezi (Estudos de Gênero e Teoria Social, Campinas, 1993, inédito).

[2] Situação inspirada num exemplo do livro de Marta Suplicy, Sexo para adolescentes, São Paulo, FTD, 1988.

[3] Walters Jonathan, "'No more than a boy': the shifting construction of masculinity from Ancient Greece to the Middle Ages", em Gender & History, v. 5, n. 1, Oxford, Blackwell Publishers, 1993.

[4] Carla Bassanezi Pinsky, "Mulheres dos Anos Dourados", em Mary Del Priore (org.), História das mulheres no Brasil, 9. ed. 1. reimp., São Paulo, Contexto, 2008.

[5] Suas análises sobre as relações entre patroas e empregadas, senhoras e escravos, mães e filhos, em momentos históricos específicos e bem delineados, fogem de explicações simplistas e prontas (que antes, em certas linhas historiográficas e/ou feministas, pareciam servir para tudo) do tipo "dominação masculina/submissão feminina", ou "variações da luta de classes" ou "fruto da oposição entre trabalho produtivo e reprodutivo".

[6] Sheila Robotham, Women in Movement: Feminism and Social Action, New York/London, Routledge, 1992.

[7] Gisela Bock, "A política sexual nacional-socialista e a história das mulheres", em Georges Duby e Michelle Perrot (orgs.), História das mulheres: o século XX, Porto/São Paulo, Edições Afrontamento/Ebradil, 1995.

[8] Gisela Bock, 1988, op. cit.

[9] Bonnie S. Anderson e Judith P. Zinsser, A History of their own: Women in Europe from Prehistory to the Present, v. 2, ed. revista, New York, Oxford University Press, 2000.

[10] Mary Louise Roberts, "'This civilization no longer has sexes': *la garçonne* and cultural crisis in France after the World War I", em Gender and History, v. 4, n. 1, 1992.

[11] Catherine Hall, "Gender, nationalisms and national identities: Bellagio Symposium Report", em Feminist Review, n. 44, 1993.

[12] Célia Sakurai, Os japoneses, 1. ed. 1. reimp., São Paulo, Contexto, 2008.

Novos temas nas aulas de História

[13] Qualificativos que diferenciavam, por exemplo, as mulheres no Brasil colonial. Cf. Mary Del Priore, Mulheres no Brasil colonial, 2. ed., São Paulo, Contexto, 2003.

[14] Como, por exemplo, na mentalidade medieval. Cf. José Rivair Macedo, A mulher na Idade Média, 5. ed., São Paulo, Contexto, 2002.

[15] Carla Bassanezi Pinsky e Joana Pedro, "Mulheres: igualdade e especificidade", em Jaime Pinsky e Carla Bassanezi Pinsky (orgs.), História da cidadania, 4. ed. 1. reimp., São Paulo, Contexto, 2008.

[16] Jaime Pinsky, As primeiras civilizações, 23. ed., São Paulo, Contexto, 2006; Peter N. Stearns, História das relações de gênero, São Paulo, Contexto, 2007.

[17] Carla Bassanezi Pinsky e Joana Pedro, "Mulheres: igualdade e especificidade", em Jaime Pinsky e Carla Bassanezi Pinsky (orgs.), Hisória da cidadania, 4. ed. 1. reimp., São Paulo, Contexto, 2008.

[18] Carla Bassanezi Pinsky e Joana Pedro, 2008, op. cit.

[19] Carla Bassanezi Pinsky e Joana Pedro, 2008, op. cit.

[20] Joan Landes, Women and the Public Sphere in the Age of the French Revolution, Ithaca / London, Cornell University Press, 1988.

[21] Célia Sakurai, 2008, op. cit.

[22] Carla Bassanezi, Virando as páginas, revendo as mulheres: revistas femininas e relações homem-mulher (1945-1964), Rio de Janeiro, Civilização Brasileira, 1996.

[23] Carla Bassanezi Pinsky e Joana Pedro, 2008, op. cit.

[24] José Rivair de Macedo, A mulher na Idade Média, 5. ed., São Paulo, Contexto, 2002.

[25] Jaime Pinsky, A escravidão no Brasil, 20. ed., São Paulo, Contexto, 2006.

[26] Pedro Paulo Funari, Grécia e Roma, 4. ed. 1. reimp., São Paulo, Contexto, 2007.

[27] Eric Hobsbawm, A era dos extremos, São Paulo, Companhia das Letras, 1995.

[28] Jaime Pinsky e Carla Bassanezi Pinsky (orgs.), 2008, op. cit.

DIREITOS HUMANOS

MARCO MONDAINI

Por que direitos humanos?

São muitas as maneiras de se realizar uma narrativa histórica sobre as sociedades humanas. Seu grande número é diretamente proporcional à extraordinária capacidade do ser humano de transformar a natureza que o cerca, a sociedade em que vive e a si mesmo enquanto indivíduo dotado de racionalidade. Uma expressiva quantidade de filósofos, cientistas sociais e historiadores, entre outros, já enfrentou o desafio da construção de uma História da humanidade optando pelos mais diversos "fios condutores": da história da riqueza material até a história da linguagem, passando pela história das estruturas de poder, o que atraía (e continua atraindo) intelectuais das mais variadas correntes teórico-metodológicas era a possibilidade de explicar e/ou compreender a aventura do ser humano na Terra.

Desse conjunto de pensadores engajados na busca de uma "chave de interpretação" da história da espécie humana, talvez tenha sido o filósofo alemão Karl Marx aquele que mais tenha se aproximado da realização do ideal de fazer com que a sua proposta fosse universalmente aceita. Isso porque, em não poucos momentos dos séculos XIX e XX, pensou-se realmente que "a história de todas as sociedades" fosse "a história das lutas de classes", conforme a famosa afirmação presente no *Manifesto do Partido Comunista* de 1848.

Longe de propor uma alternativa que seja minimamente aproximada da envergadura intelectual do projeto de Marx, penso que, neste início de século xxi, faz-se preciso construir uma História social que tenha como elemento central a problematização da afirmação e da negação dos direitos humanos nos diversos períodos da história, em particular na modernidade.

Dentro desse contexto, a proposição de uma História social que seja uma História dos direitos humanos não pode deixar de se guiar pela tese que acompanhou a trajetória intelectual do filósofo italiano Norberto Bobbio na segunda metade do século xx, a saber, a de que os direitos humanos representam "um dos principais indicadores do progresso histórico".

Porém, a necessidade da construção de uma História dos direitos humanos não é mais urgente que o imperativo de levar a discussão sobre os direitos humanos para o interior das salas de aula das escolas de nível fundamental, médio e superior – e para a sociedade como um todo, é claro.

A metáfora mais apropriada para se ilustrar a situação que envolve a presente proposta é aquela da construção de um barco, com o mesmo já estando em alto-mar, em meio a uma tempestade, sob o risco de naufragar antes mesmo de soldadas as chapas de aço que compõem o seu casco e de instalados motor e hélice, respectivamente responsáveis pela segurança do barco e por levá-lo adiante.

Pois bem, a "embarcação" dos direitos humanos necessita, por um lado, de um casco que seja duro o suficiente para resistir às pressões dos opositores que desejam negá-los ou restringi-los e, por outro lado, de um motor com uma potência que seja capaz de impulsioná-los cada vez mais à frente.

Para tanto, não há saída possível que não passe antes de tudo pelo terreno da sala de aula, isto é, pelo espaço da educação – uma educação ao mesmo tempo qualificada em termos de conteúdo e comprometida eticamente com a dignidade da pessoa e a transformação social.

Acredito que uma "educação em direitos humanos" – em particular, uma "educação histórica em direitos humanos" – seja não apenas importante para o estudante no que diz respeito aos temas trabalhados em sala de aula como também imprescindível para a sua formação como sujeito de direitos, ou seja, para a sua afirmação como cidadão, pois, sem o conhecimento dos seus direitos reconhecidos legalmente pelo Estado, ou sem a consciência crítica que o estimule à luta por novos direitos legitimamente aceitos pela sociedade, o estudante (na verdade, qualquer indivíduo) dificilmente poderá ultrapassar as barreiras existentes à sua inclusão numa comunidade política.

A propósito, o que são mesmo os direitos humanos?

Direitos humanos: conceito e história

Como tudo aquilo que diz respeito ao plano jurídico-político, há em torno dos direitos humanos uma "batalha de ideias", uma "luta por hegemonia", ou seja, uma disputa travada entre concepções ideológico-culturais diversas, que se enfrentam em nome da afirmação da sua interpretação sobre um determinado fato, processo ou fenômeno social em relação às interpretações concorrentes – isso tendo como objetivo fazer com que a sua visão "de parte" se transforme em uma visão "geral", assumindo, assim, a direção intelectual-moral da sociedade civil.

Em outras palavras, o terreno sobre o qual são erguidos os direitos humanos se apresenta como um verdadeiro "campo de conflito", dando forma a uma luta em torno daquilo que deve ser observado como "legal" pelo Estado, mas também como "legítimo" pela sociedade.

Dentro desse contexto de "luta por hegemonia" existente na sociedade civil, no qual se estabelece um "campo de conflito", entende-se aqui que os direitos humanos devem ser compreendidos na atualidade nos marcos do binômio formado pelos princípios da "universalidade" e "indivisibilidade" – uma compreensão que abre espaço para a luta pela construção de uma cidadania global.

De acordo com tais parâmetros, os direitos humanos precisam ser vistos como um agregado de direitos que deve ser assegurado a todos os seres humanos, independentemente das suas diferenciações de caráter biológico-natural, cultural-ideal e econômico-material – direitos esses adquiridos historicamente, no decorrer da modernidade, em quatro dimensões diversas: a) os direitos civis; b) os direitos políticos; c) os direitos sociais; d) os direitos dos povos e da humanidade.

Tal entendimento traz como corolário a percepção de que, neste início de século xxi, a ideia de cidadania deve ir muito além da necessária, ainda que não suficiente, igualdade jurídico-formal, tendo como horizonte de luta a construção de uma sociedade assentada no ideal da conquista da "igualdade social com liberdade individual e respeito à diversidade".

Uma história em três tempos

Grosso modo, foram três os períodos da história contemporânea nos quais foram dados os passos decisivos para a construção da definição de direitos humanos defendida no presente texto.

Primeiramente, coube a três processos históricos a tarefa de pavimentar a estrada para a passagem de uma "era dos deveres" para uma "era dos direitos": no século xvii, a Revolução Inglesa; no século xviii, a Independência dos Estados Unidos e a Revolução Francesa.

Marcos fundamentais do nascimento da modernidade, esses três processos revolucionários se destacaram, entre outras coisas, pelo fato de terem introduzido na história as declarações de direitos.

Da Declaração de Direitos inglesa de 1689 até a Declaração dos Direitos do Homem e do Cidadão francesa de 1789, passando pela Declaração de Direitos do Estado da Virgínia de 1776, o que se visualiza é a edificação de um conjunto de barreiras voltado para a proteção das liberdades e garantias dos indivíduos, dentro do mais perfeito espírito liberal.

Ao longo dos seus artigos, desfilam os direitos responsáveis pela construção da espinha dorsal da cidadania liberal, ou seja, os

MARCO MONDAINI

direitos formadores das liberdades civis: a liberdade de pensamento e expressão, a liberdade de ir e vir, a liberdade religiosa, o *habeas corpus*, o direito à privacidade, o direito à propriedade, a separação dos poderes do Estado etc.

No entanto, passado o turbilhão revolucionário do final do século XVIII, são muitas as expressões da desaceleração do impulso renovador que se iniciara na Inglaterra, em 1640, com a Revolução Puritana, tendo alcançado seus momentos mais radicais quando os jacobinos assumiram a liderança da Revolução Francesa, entre 1792 e 1794.

Então – e aqui começa a ser dado o segundo passo rumo a uma concepção ampliada de direitos humanos –, são as classes trabalhadoras industriais a forçar os limites impostos aos direitos humanos pela burguesia liberal, lutando para que a igualdade civil fosse ampliada na direção da igualdade política e, mais à frente, da igualdade social.

Impulsionados pelas lutas desenvolvidas pelo movimento cartista na Inglaterra a partir de 1838, pela famosa vaga revolucionária de 1848 (a "Primavera dos Povos") e pela Comuna de Paris de 1871, os direitos humanos foram se saturando de novos elementos de determinação, isto é, a força da democracia e do socialismo.

Sua propagação pelo mundo deu-se por intermédio de um longo processo que culminou, no decorrer do século XX, por meio de caminhos tortuosos, na edificação de duas formações sociopolíticas diferenciadas, não obstante o fato de terem sido herdeiras de uma mesma tradição gestada no século XIX. De um lado, a partir da vitória de processos revolucionários em países atrasados como Rússia (1917), China (1949) e Cuba (1959), aquilo que viria a ser chamado de "Socialismo Real". De outro lado, no pós-Segunda Guerra Mundial, em países capitalistas desenvolvidos da Europa Ocidental como Inglaterra, França, Alemanha, Itália e no conjunto dos países escandinavos, o "Estado de Bem-Estar Social" (*Welfare State*).

Com isso, os direitos humanos começam a ser pensados, em todas as partes do planeta – até mesmo em nações que não assistiram a força de movimentos de natureza socialista, como os Estados

Unidos e Japão – para além dos limites das liberdades individuais, passando a ser abordados de maneira vinculada a uma série de necessidades vitais para a emancipação das classes trabalhadoras. No plano sindical e político, a liberdade de associação e organização em sindicatos e partidos, o direito de greve e o sufrágio universal. No plano social, o direito ao trabalho, à saúde, à educação, à previdência e assistência social.

Porém, é preciso que fique claro que tal desenvolvimento deu-se de maneiras distintas nos países do "Socialismo Real" e do "Estado de Bem-Estar Social", já que, enquanto nestes últimos os direitos sociais expandiam-se junto à manutenção dos direitos civis e políticos, nos primeiros a igualdade social afirmava-se em detrimento das liberdades e garantias individuais e coletivas.

Outrossim, não podemos deixar de mencionar o fato de que, principalmente nos países capitalistas atrasados da África, Ásia e Américas Central e do Sul que não passaram por experiências de revoluções socialistas (o então chamado "Terceiro Mundo"), essa gama de direitos humanos subidos à tona no curso do século xx permaneceu por muito tempo não sendo reconhecida pelos seus respectivos Estados.

Por fim, diante dos trágicos acontecimentos históricos ocorridos na primeira metade do século xx (a ascensão dos totalitarismos nazista e comunista, as duas guerras mundiais, o Holocausto, as bombas atômicas de Hiroshima e Nagasaki etc.), os quais se entrecruzam com a parte final dos desenvolvimentos que se encontram nos fundamentos do segundo passo que acabamos de descrever anteriormente, é dado um terceiro passo decisivo para a ampliação dos direitos humanos, que culmina com a criação da Organização das Nações Unidas (onu) e a aprovação da Declaração Universal dos Direitos Humanos, em 10 de dezembro de 1948.

Nesse ponto, o círculo dos direitos humanos se fecha em torno da noção de que "todos os homens nascem livres e iguais em dignidade e direitos" (artigo 1), direitos estes não apenas de natureza civil e política, mas também de natureza econômica, social e cultural (artigo 22).

Porém, dado o terceiro passo, vem à tona a necessidade de um quarto movimento nos dias atuais, que seja responsável por fazer com que esses direitos sejam realmente efetivados socialmente, deixando de ser apenas fórmulas jurídicas esquecidas nos códigos, o que pode gerar o perigo da sua transformação numa miragem sociojurídica.

Esclarecido o significado aqui atribuído à ideia de direitos humanos, resta agora imaginar alguns caminhos temáticos que podem ser trilhados a fim de que se reflita de maneira crítica sobre a sua história em sala de aula.

Temas de direitos humanos

A seguir, são sugeridas quatro abrangentes questões conceituais que, por meio da sua relação com a problemática dos direitos humanos, podem possibilitar a realização de inúmeros trabalhos específicos em sala de aula, liberando assim o professor da impossível obrigação de esgotar todos os conteúdos existentes em prol da razoável alternativa de levar o aluno ao desenvolvimento da sua capacidade de reflexão histórica, por intermédio da discussão de determinados assuntos selecionados em função da série em que se encontra a turma, não perdendo de vista, no entanto, a exigência do ensino de uma História geral integrada.

Direitos humanos, consciência histórica e revoluções liberais burguesas

No ano de 1754, a Academia de Dijon, na França, propôs um concurso literário no qual se perguntava sobre as origens da desigualdade entre os homens. Tornado famoso pelo fato de o filósofo genebrino Jean-Jacques Rousseau ter concorrido (sem alcançar a vitória) com um texto que viria a se tornar um clássico do pensamento filosófico – o *Discurso sobre as origens e os fundamentos da desigualdade entre os homens* –, o concurso expressa

NOVOS TEMAS NAS AULAS DE HISTÓRIA

uma mudança significativa nos padrões intelectuais dominantes até então.

Com a indagação de 1754, percebe-se claramente a ultrapassagem de uma percepção naturalista ou divina das coisas, na qual tudo é criado pela natureza ou por Deus, por uma concepção diversa imbuída de historicidade, em que tudo aquilo que diz respeito ao ser humano passa a ser tratado como um fato cultural.

O questionamento sobre as "origens" feito à época trazia em si um componente claramente revolucionário na medida em que levava à necessidade de se olhar para a realidade social com as lentes da consciência histórica, ou seja, um juízo fundado numa visão de mundo como algo em constante processo de transformação.

Ao se falar em "origem", sente-se imediatamente a temporalidade se despindo em passado/presente/futuro, pois, se no passado as coisas foram diferentes do presente, nada impede que no futuro essas mesmas coisas se apresentem de maneira ainda mais diversa.

A ruptura com o plano natural e do divino são evidentes, nada podendo mais ser visualizado como uma realidade imutável, inscrita numa suposta ordem inexorável e eterna.

Ora, o desabrochar da consciência histórica, no decorrer dos séculos XVII e XVIII, será o fato de natureza intelectual condicionante do início do desenvolvimento dos direitos humanos e da própria ideia de revolução. Sem ela, a moderna noção de igualdade dos cidadãos diante do Estado – primeiro passo dado no longo processo de afirmação da era dos direitos – não teria sido imposta no bojo das revoluções liberais burguesas. Mais ainda, nem mesmo estas últimas teriam dado o ar da sua graça.

A partir dessas constatações, em sala de aula, o professor poderá elaborar inúmeros questionamentos que permitam o desenvolvimento de uma série enorme de trabalhos específicos a partir da abordagem da relação existente entre direitos humanos, consciência histórica e revoluções liberais burguesas.

> Por exemplo:
> • Quais direitos presentes nas declarações redigidas durante as revoluções Inglesa, Americana e France-

sa destacam-se pela defesa das liberdades e garantias individuais?

• De que maneira os processos revolucionários ocorridos nos séculos XVII e XVIII e os direitos então conquistados são reveladores do surgimento de uma consciência histórica?

• Quais experiências políticas dos séculos XIX e XX atentaram contra os direitos humanos afirmados no bojo das três grandes revoluções liberais burguesas do início da modernidade?

Direitos humanos e pensamento político

Uma segunda possibilidade de realização de trabalhos de História em sala de aula refere-se à relação existente entre a progressiva afirmação dos direitos humanos e a trajetória das mais significativas correntes de pensamento político surgidas na modernidade, a saber: o liberalismo, a democracia e o socialismo.

Na verdade, a história dos direitos humanos, entre os séculos XVII e XX, pode ser narrada por meio da análise da gênese e desenvolvimento dessas três tradições clássicas da teoria política – isso porque cada novo avanço e/ou retrocesso no campo dos direitos humanos correspondeu, em grande parte, às vicissitudes enfrentadas pelos principais pensadores e lideranças liberais, democratas e socialistas, com toda a sua enorme gama de idas e vindas conjunturais, dando forma a uma autêntica dialética de afirmação e negação dos direitos humanos.

Assim, se os primeiros passos dados no campo dos direitos civis, nos séculos XVII e XVIII, encontram-se vinculados às lutas sociais e políticas influenciadas pelo liberalismo contra o Antigo Regime, em boa parte dos séculos XIX e XX, essa corrente de pensamento assume uma postura abertamente conservadora perante o reconhecimento dos direitos políticos (no século XIX) e dos direitos sociais (no século XX), quando o que estava em jogo era a manutenção da ordem social capitalista.

NOVOS TEMAS NAS AULAS DE HISTÓRIA

De forma semelhante, se grande parte das conquistas obtidas na área dos direitos políticos e sociais, nos séculos XIX e XX, deveu-se ao impulso reivindicador contrário ao modo de produção capitalista proporcionado pelas teorias democráticas e socialistas, no decorrer do mesmo século XX, serão os socialistas (mais precisamente aquela parcela que chega ao poder em vários países, na esteira da Revolução Russa de 1917) a restringirem os direitos civis e, também, os direitos políticos pelos quais lutaram em vários períodos históricos.

Com isso, em meio aos vários momentos de luta travados entre liberais e socialistas na história contemporânea, foi a democracia a se constituir como grande vítima.

No entanto, é preciso que se diga que não foram todos os liberais que se tornaram conservadores, muito menos a totalidade dos socialistas que assumiram um posicionamento autoritário, pois, seguindo uma orientação bastante próxima do que se entende hoje por direitos humanos, não obstante as diferentes nuances e ênfases numa das três espécies de direitos aqui vistos, constituíram-se correntes de pensamento político liberal-democratas, socialdemocratas e, até mesmo, social-liberais.

> Como sugestão de trabalho específico em sala de aula, no que diz respeito à relação entre direitos humanos e pensamento político, são indicadas três questões para serem pensadas:
>
> - as contribuições de pensadores liberais como John Locke, Montesquieu, Aléxis de Tocqueville, John Stuart Mill, entre outros, para a construção da ideia de garantia e proteção das liberdades individuais;
> - a importância das teorias democráticas de Jean-Jacques Rousseau para a retomada moderna da noção de que os interesses coletivos devem prevalecer sobre as vontades particulares e de corporações;
> - a influência das concepções socialistas presentes na filosofia de Karl Marx no desenvolvimento das lutas por igualdade social, levadas a cabo pelos movimentos da classe trabalhadora industrial.

Direitos humanos e conflito social

Por fim, adentramos o espaço da discussão sobre a existência de conflitos sociais na base do desenvolvimento dos direitos humanos – conflitos diferenciados que levam à afirmação de direitos humanos também estes diferenciados.

Parte-se, aqui, do princípio mais ampliado de que o próprio desenvolvimento histórico tem nas suas origens a ocorrência de conflitos, isto é, a história como um processo marcado por uma sucessão não-linear de transformações sociais levadas a cabo em virtude da existência de movimentos contraditórios das mais variadas naturezas.

Dito de outra maneira, a história possui uma lógica caracterizada pela constante formação de elementos novos, que, no exato momento em que acabam de ganhar forma, começam a sofrer o impacto desagregador de outros elementos que o negam, levando-os à transformação.

Assim, não há como se falar em história sem se observar a existência de contradições das mais variadas naturezas: contradições entre classes sociais, gêneros, gerações, grupos étnicos, religiões, nacionalidades, partidos políticos etc.

De acordo com tal perspectiva, todas as conquistas realizadas no campo dos direitos humanos tiveram seu início localizado em alguma forma de conflito social, responsável por expressar na dinâmica histórica interesses divergentes no plano individual e coletivo.

Dessa forma, não há como desvincular a conquista dos direitos civis, nos séculos XVII e XVIII, da luta de classes entre nobreza e burguesia e dos conflitos religiosos entre católicos e protestantes, assim como é indissociável a relação entre o reconhecimento dos direitos políticos e sociais, nos séculos XIX e XX, das lutas empreendidas pela classe trabalhadora contra a burguesia.

A partir da segunda metade do século XX, em particular no pós-1968, os conflitos sociais passam a se expressar de maneira ainda mais diversificada em virtude do surgimento dos chamados novos movimentos sociais, fato que acabou por gerar uma gama de lutas por direitos até então inéditos, como, por exemplo, aquelas

NOVOS TEMAS NAS AULAS DE HISTÓRIA

levadas a cabo pelos movimentos de ecologistas, pacifistas, homossexuais, negros e pelas feministas – lutas essas fundamentais para a dupla ampliação dos direitos humanos: a primeira, na direção de uma nova percepção do direito à vida; a segunda, no sentido da defesa dos direitos das minorias.

> Indica-se a possibilidade de desenvolvimento de três trabalhos específicos sobre a relação entre os direitos humanos e os conflitos sociais na história:
>
> * as formas pelas quais esta relação foi se construindo durante as guerras religiosas travadas entre católicos e protestantes, após a Reforma no século XVI, as demandas pela tolerância religiosa e pelo direito à liberdade religiosa;
> * o papel desempenhado pelas lutas dos movimentos ludista e cartista, no decurso do século XIX, na Inglaterra, para a conquista dos direitos políticos pela classe trabalhadora na recém-formada sociedade urbana, industrial e capitalista;
> * a importância das lutas empreendidas pelos povos colonizados dos continentes africano e asiático contra os colonizadores dos países europeus, no pós-Segunda Guerra Mundial, para a edificação do arcabouço institucional atualmente existente no âmbito internacional, que garante o direito à autodeterminação dos povos.

Direitos humanos e História do Brasil contemporâneo

Uma outra abordagem possível em sala de aula refere-se à questão da luta e do desenvolvimento dos direitos humanos no Brasil contemporâneo, por meio da divisão da sua história em três períodos distintos entre si: 1) os direitos humanos na República Nova (1930-1964); 2) os direitos humanos na Ditadura Militar (1964-1985); 3) os direitos humanos a partir da Nova República (1985-2002).

Num primeiro momento, seria abordado o intervalo de tempo em que uma sociedade urbana, industrial e capitalista ganha forma no Brasil por intermédio de um processo contraditório, no qual modernidade e conservadorismo se mesclam, estabelecendo entre si uma relação funcional – um período no qual o Estado central assume uma feição marcadamente intervencionista.

A força crescente do aparelho estatal, personificado na liderança política de Getúlio Vargas, far-se-ia presente também no desenvolvimento dos direitos humanos em boa parte do período em questão. Isso porque sua dinâmica de expansão acompanhou de perto os impulsos advindos de cima, isto é, do Estado, cabendo a este último uma dupla função selecionadora: de uma parte, selecionar aqueles indivíduos e agrupamentos sociais que poderiam ser incluídos na condição de cidadão brasileiro e, como corolário, aqueles outros que não poderiam sê-lo; de outra parte, selecionar quais direitos poderiam ser estendidos aos reconhecidos como cidadãos.

Num segundo momento, seria tratado um instante trágico da história do país, em que a "modernização conservadora" iniciada em 1930 toma novo impulso, passando a contar com um clima político ideal para o seu desenvolvimento com a deflagração do Golpe de Estado de 31 de março de 1964 e a consequente implantação do regime ditatorial encabeçado pelos militares – uma fase na qual, na luta contra o Estado ditatorial, irá surgir uma nova sociedade civil brasileira.

Com isso, dentro de um contexto marcado pela existência de apenas dois partidos políticos (a Aliança Renovadora Nacional – a Arena, no campo governista – e o Movimento Democrático Brasileiro – o MDB, como oposição consentida), serão as instituições da sociedade civil – como a Sociedade Brasileira para o Progresso da Ciência (SBPC), a Ordem dos Advogados do Brasil (OAB), a Associação Brasileira de Imprensa (ABI), a Conferência Nacional dos Bispos do Brasil (CNBB) e a União Nacional dos Estudantes (UNE) – a cumprirem em grande medida o papel de mediação das demandas oriundas dos opositores do regime, canalizando, assim, os anseios pela redemocratização do país.

Num terceiro momento, seriam focados os anos em que o Brasil assiste ao retorno de um Estado de Direito voltado para a consolidação da democracia política e (ainda que como promessa futura) para a conquista da igualdade social – um período que tem como marco inquestionável a promulgação da Constituição Federal de 1988.

Chamada de "Constituição Cidadã", a nova Carta Magna representa uma referência legal indubitável para a luta em torno da afirmação histórica dos direitos humanos em nosso país, muito em função do fato de ter trazido consigo os princípios mais progressistas das tradições políticas liberal-democráticas (o pluralismo político, a separação dos poderes do Estado e a representação eleitoral) e socialdemocráticas (participação e combate às desigualdades sociais e regionais), sem desprezar as demandas de caráter multifacetário apresentadas pelos chamados novos movimentos sociais, ou seja, a defesa do bem comum no respeito à diversidade de origem, raça, sexo, cor, idade etc.

> Como sugestão de trabalho específico em sala de aula, no que diz respeito ao processo de afirmação dos direitos humanos no Brasil contemporâneo, são indicadas três questões:
>
> - Que avaliação pode ser feita sobre o tipo de cidadania construído durante o primeiro governo de Getúlio Vargas, no qual os direitos sociais foram reconhecidos para alguns grupos sociais em meio a uma ditadura?
> - Quais foram as principais bandeiras de luta levantadas pelos movimentos sociais e políticos que se engajaram na resistência à ditadura militar e qual o legado deixado por tais movimentos para a construção de uma nova ideia de cidadania no Brasil?
> - Qual a situação dos direitos humanos, depois do término do regime ditatorial implantado em 1964 e a consequente redemocratização do país, para setores sociais politicamente minoritários como negros, índios, mulheres, homossexuais, idosos e deficientes físicos?

Ação pedagógica

Por fim, é preciso que se diga ao professor que lê neste momento o presente texto algo que, na repetitiva labuta do dia a dia, pode passar de maneira despercebida. É exatamente em tal cotidiano por vezes desanimador que se faz mais que necessário o papel conscientizador desempenhado pelo mestre em sala de aula, para a formação de uma cultura comprometida com a construção de uma sociedade dos direitos humanos.

Sem a ação pedagógica levada a cabo diariamente por você, professor, mesclando ensino de novos conteúdos, cultivo de uma ética da esperança e incentivo ao juízo crítico reflexivo, serão muito poucas as possibilidades de deixarmos de ser uma sociedade que insiste em confundir direitos de muitos com privilégios de poucos. Se a função exercida pelo mestre nas escolas espalhadas de norte a sul do Brasil se limitasse apenas a isso, esta já teria a sua razão de ser amplamente justificada.

Sugestões bibliográficas

- Fábio Konder Comparato, *A afirmação histórica dos direitos humanos*, 5. ed., São Paulo, Saraiva, 2007.
  O livro procura acompanhar as várias fases históricas do processo de desenvolvimento dos direitos humanos por intermédio da contextualização de 23 dos mais significativos documentos legais (leis, constituições e tratados internacionais), elaborados entre os séculos XIII e XX.

- Marco Mondaini, *Direitos humanos*, 1. ed. 1. reimp., São Paulo, Contexto, 2008.
  A antologia busca introduzir um público formado por não-especialistas na cultura dos direitos humanos por meio da apresentação de cinquenta textos e documentos (declarações de direitos, extratos de textos de grandes pensadores, hinos, discursos etc.), produzidos entre os séculos XVII e XX.

- Jaime Pinsky e Carla Bassanezi Pinsky (orgs.), *História da cidadania*, 4. ed. 1. reimp., São Paulo, Contexto, 2008.
  Escrita por alguns dos principais intelectuais brasileiros, a obra se propõe a discutir o significado da ideia de cidadania numa acepção plena,

isto é, como um agregado de direitos civis, políticos e sociais, indo da pré-história da cidadania até as formas assumidas por esta na modernidade, chegando até o Brasil.

- Jaime Pinsky (org.), *Práticas de cidadania*, São Paulo, Contexto, 2004.
  Pensada como continuidade de *História da cidadania*, a obra tem como objetivo expor uma série de experiências concretas implementadas por vários cidadãos no campo das políticas públicas, das ações empresariais comprometidas com a responsabilidade social e das ações coletivas em geral.

- José Damião de Lima Trindade, *História social dos direitos humanos*, São Paulo, Peirópolis, 2002.
  O volume aborda a trajetória histórica dos direitos humanos na modernidade, tendo como pano de fundo os conflitos sociais e as lutas políticas que estiveram na base dos avanços e retrocessos acontecidos no campo dos direitos civis, políticos, sociais, econômicos e culturais.

Manifestos e sátiras

- *Tratado sobre a tolerância*, de Voltaire (1762).
- *Eu acuso!*, de Émile Zola (1898).
- *A revolução dos bichos*, de George Orwell (1945).

Ao trabalhar a leitura de trechos destas três obras em sala de aula, o professor poderá desenvolver junto aos alunos, de maneira comparativa, a consciência crítica que se foi formando, entre os séculos XVIII e XX, acerca das diversas formas assumidas pela intolerância em três tipos de sociedade: a feudal, a capitalista e a comunista.

Sugestões de filmes

- *1900* – (Novecento, dir. Bernardo Bertolucci, Itália/França/Alemanha, 1976)
- *O baile* (Le bal, dir. Ettore Scola, Itália/França/Argélia, 1983)
- *Nós que aqui estamos por vós esperamos* (Nós que aqui estamos por vós esperamos, dir. Marcelo Masagão, Brasil, 1999)

Ao exibir estes três filmes em sala de aula, o professor poderá fomentar o debate sobre a história dos direitos humanos durante o século xx, utilizando-se, assim, das suas imagens para discutir os períodos em que foram assinalados tanto avanços como retrocessos no campo dos direitos civis, políticos e sociais.

Romances filmados

- *Os miseráveis*, de Victor Hugo (Les misérables, dir. Claude Lelouch, França, 1995)
- *Germinal*, de Émile Zola (Germinal, dir. Claude Berri, França/Bélgica/Itália, 1993)
- *1984*, de George Orwell (Nineteen eighty-four, dir. Michael Radford, Inglaterra, 1984)

Aqui, o professor terá a possibilidade de se utilizar de duas espécies de linguagem (a literária e a cinematográfica), a fim de levar os alunos à apreensão crítica dos conteúdos referentes ao papel desempenhado pela classe trabalhadora e pelo movimento socialista na expansão e contração dos direitos humanos, nos séculos xix e xx.

CULTURA

MARCOS NAPOLITANO

Importância do tema para os estudantes

Nos últimos anos, o professor do ensino básico vem tomando contato com vários termos que envolvem a palavra "cultura": pluralidade cultural, cultura da paz, currículo cultural, multiculturalismo, cultura de massa, identidade cultural, entre outros. A educação escolar parece ter sido tomada por uma febre culturalista, como se a cultura fosse uma categoria mágica, caminho direto para a emancipação social e para a revalorização da vida escolar. Na mídia é comum o termo vir associado a efeitos positivos, tais como integração e inclusão sociais, como se a cultura pudesse, por si mesma, compensar as mazelas causadas pela economia, pela precarização do trabalho, pela concentração de renda, pela violência e desagregação familiar e social destes tempos (pós-)modernos. Nesse sentido, seria ingrata a missão da cultura: refazer tudo o que nos parece errado, que em muitos casos é fruto de outras políticas públicas do passado e do presente – econômica, educacional, social – que não atendem ao interesse da maioria dos cidadãos.

A relação entre escola e cultura foi incorporada nas políticas educacionais visando três objetivos: o reforço da autoestima dos alunos; o fortalecimento das identidades sociais; e a ampliação dos repertórios culturais.

A ênfase na construção de uma "cultura de paz", expressão consagrada pela Unesco, também é citada frequentemente, visando matizar, por meio da educação, as relações sociais violentas e competitivas existentes nas sociedades ocidentais.

Obviamente, o incentivo à cultura, em todos os seus matizes e definições, é um caminho importante que deve estar paralelo à promoção da cidadania em qualquer projeto educacional. De fato, as experiências culturais, dentro e fora da escola, complementam e interagem com a formação escolar. No limite, a própria experiência escolar faz parte da vida cultural de uma sociedade. Mas se "cultura" serve para muitos fins e está presente em quase tudo o que é humano, afinal de contas, o que é cultura? Mais do que isso, como esta palavra se traduz em experiências escolares? De que modo a escola, como instituição, deveria se posicionar diante de todos os circuitos, agentes e bens culturais?

Debates e delimitações do conceito de cultura

Na perspectiva mais tradicional, o termo "cultura" está ligado às ideias, às artes e a valores espirituais e formas simbólicas de uma sociedade. Tudo o que é simbólico – no plano estético, religioso ou intelectual – é englobado por esta palavra. Ou seja, vista pelo olhar historiográfico mais tradicional, a cultura é uma "instância" da realidade, que se expressa em objetos e conteúdos. Em alguns casos, essa "instância" é descrita como menos "real" do que outras instâncias, como a política e a economia, no sentido que estas, sim, definem o que é importante na "realidade social", relegando a cultura à posição secundária de mero "reflexo" da realidade. Sintomaticamente, até os anos 1980, os livros didáticos reservavam o último tópico de cada capítulo para falar de "cultura", nele cabendo as artes, as ideias, os costumes cotidianos de uma dada época – enfim, tudo o que era considerado interessante, porém menos importante para o conhecimento histórico, conforme a visão historiográfica dominante nesses livros.

Mais recentemente, a situação parece ter se invertido (embora ainda não em todos os livros didáticos em uso). A cultura virou um

Marcos Napolitano

tema privilegiado, quase um "chavão", para "abrir as portas" das outras instâncias da realidade histórica e social. Há, no limite, um risco de inverter a famigerada "teoria do reflexo", explicando sociedade, política e economia como reflexos de escolhas culturais, intelectuais, identitárias e ideológicas que os sujeitos históricos fazem para si e tentam impor aos outros. (Não é à toa que um dos binômios que mais aparecem nas pesquisas históricas recentes é "cultura *e* poder".)

Vejamos a definição nos Parâmetros Curriculares Nacionais do Ensino Médio:[1]

> A ampliação do conceito de cultura, fruto da aproximação das disciplinas História e Antropologia, enriquece o âmbito das análises, caminhando, de forma positiva, para a abertura do campo científico da História Cultural. O recurso à Filosofia, por sua vez, enriquece e amplia o conceito, especialmente no que se refere à ideia de cultura como *formação* advinda da "paideia" (ligada à educação) e da cultura humanista, renascentista e iluminista. Na articulação dessas abordagens (histórica, antropológica e filosófica), o conceito de cultura pode alcançar maior abrangência e significado. A cultura não é apenas o conjunto das *manifestações artísticas e materiais*. É também constituída pelas formas de organização do trabalho, da casa, da família, do *cotidiano* das pessoas, dos ritos, das religiões, das festas. As diversidades étnicas, sexuais, religiosas, de gerações e de classes constroem *representações* que constituem as culturas e que se expressam em conflitos de interpretações e de posicionamentos na disputa por seu lugar no *imaginário social* das sociedades, dos grupos sociais e de povos. A cultura, que confere *identidade* aos grupos sociais, não pode ser considerada produto puro ou estável. As culturas são híbridas e resultam *de trocas e de relações* entre os grupos humanos. Dessa forma, podem impor padrões uns sobre os outros, ou também receber influências, constituindo processos de *apropriações de significados* e práticas que contêm elementos de acomodação-resistência. Daí a importância dos estudos dos grupos e culturas que compõem a História do Brasil, no âmbito das *relações interétnicas*. O estudo da África e das culturas afro-brasileiras, assim como o olhar atento às culturas indígenas, darão consistência à compreensão da diversidade e da unidade que fazem da História do Brasil o complexo cultural que lhe dá vida e sentido.

Novos temas nas aulas de História

A partir dessa longa definição do termo "cultura", destacamos algumas palavras-chave: formação humanista, manifestações artístico-culturais e materiais; representações e imaginário social; identidade; trocas e relações entre grupos humanos; apropriações de significados; relações interétnicas. Nessas expressões, vários domínios e instâncias, que antes eram segmentados e hierarquizados no estudo das sociedades ao longo do tempo, aparecem misturados: artes, religião, conhecimento, relações de poder, cotidiano, identidades raciais e classistas, códigos e símbolos etc. Bem, se tudo isso implica em experiência cultural, como evitar a panaceia de explicar tudo, sem entender nada, e ficar perdido no emaranhado de definições sobre o conceito de cultura? Em quais atividades e temas de formação escolar o uso do conceito é mais apropriado? Quais suas possibilidades e limites dentro do currículo?

Para tentar responder a essas questões, vamos partir de algumas premissas que podem ajudar o professor a superar as perspectivas, muito problemáticas, que entendem cultura como "instância isolada" ou "reflexo" de outras instâncias da realidade social:[2]

- cultura é uma dimensão da vida social que, entre outras, forma a experiência coletiva. Ela não é determinada por outras instâncias (política, social, econômica) nem as determina. O que ocorre é que entre todas elas há mediações complexas.
- cultura se traduz num complexo que envolve produção, circulação e apropriação de sentidos, significações e valores que marcam a vida social.
- cultura engloba sujeitos, coisas e instituições ao longo do tempo. Estes podem ser lembrados e monumentalizados, tornando-se "herança", ou esquecidos e arruinados, tornando-se "resíduo". Ambos, herança e resíduo, são temas importantes para os historiadores e o conhecimento histórico.

Mapeada a grande amplitude do termo, vamos tentar compreender como ele foi e é discutido nas Ciências Humanas. Obviamente, é impossível, nos limites deste livro, listar e explicar todos os conceitos e debates em torno da cultura. Vamos, portanto, apresentar algumas questões que ajudarão a entender, historicamente, como o conceito de cultura foi sendo desenvolvido no debate das Ciências Humanas. Indicaremos alguns caminhos e tendências, como um mapa geral útil para os professores envolvidos com o dia a dia da sala de aula.

Cultura nas Ciências Humanas

Uma das primeiras e mais notórias definições de cultura teve lugar ao longo do debate entre os filósofos alemães e franceses, que remonta ao século XVIII.

O termo alemão *"kultur"* era sinônimo de "nação espiritual", particular e diferenciada de outras sociedades, que englobava a ciência, arte, filosofia, religião e que, para os alemães, era o contrário dos "valores corteses" (modas e maneiras aristocráticas, civilizadas, mas superficiais) que marcavam a vida francesa durante o Absolutismo. O pensador Johann Gottfried Herder,[3] como se quisesse compensar a falta de unidade política dos alemães, só obtida em meados do século XIX, afirmava que a "nação cultural precede a nação política".

Já para os iluministas franceses, o termo *"civilisation"* supunha a "unidade de gênero humano", as conquistas técnicas e comportamentais da humanidade, por isso, na definição dos filósofos franceses, cultura ia além das nações e povos específicos. *Grosso modo*, esses dois termos são as matrizes filosóficas que até hoje marcam o debate em torno da definição de "cultura".

Um pouco mais tarde, o termo "cultura" aparece ligado a dois grandes eixos de debate: sua conceitualização antropológica e sua discussão dentro dos problemas da ideologia, conceito caro às correntes marxistas. Ambos estão presentes frequentemente na aplicação da questão cultural à educação escolar, sobretudo na área de História.

A Antropologia e a Etnologia, ao avançarem como áreas de conhecimento específicas ao longo do século XIX, ajudaram a refinar o conceito de cultura dentro da discussão geral sobre a identidade simbólica e a vida material dos grupos humanos.[4] A primeira defi-

Novos temas nas aulas de História

nição etnológica da palavra tentou unir os termos *cultura* e *civilização*, até então vistos como opostos, pela tradição do iluminismo. O etnólogo Edward Burnett Tylor[5] via os termos *cultura* e *civilização* como um conjunto que incluía conhecimento, crenças, arte, moral, direito e costumes. Ou seja, para ele, ambos abarcariam a "totalidade da vida social do homem". Entretanto, Tylor, adepto do evolucionismo eurocêntrico,[6] usava o termo *cultura* para pensar os povos não-europeus, reservando *civilização* para analisar as sociedades que, do seu ponto de vista, evoluíram ao longo do tempo, ou seja, as sociedades ocidentais. Portanto, a primeira definição etnológica era etnocêntrica, ou melhor, eurocêntrica. Carregava os preconceitos da Europa em relação aos outros povos, numa era marcada pela expansão imperialista em direção à Ásia e África.

Logo, porém, outros autores trataram de ampliar o conceito e matizar essa visão. Em linhas gerais, o debate posterior dentro do campo antropológico rejeitou o evolucionismo e o eurocentrismo. Nesse sentido, destacamos a contribuição de autores clássicos da Antropologia – como Franz Boas, Gilberto Freyre, Claude Lévi-Strauss, Bronislaw Malinowski – que, a partir de perspectivas teóricas distintas, criticaram o evolucionismo como paradigma para pensar o papel da cultura nas sociedades humanas.

Se a definição de cultura tributária da tradição antropológica aponta para um sentido mais amplo e global de *cultura*, para além das estratificações sociais e da sua restrição a uma determinada esfera da sociedade, o conceito de ideologia, empregado por outros pensadores, os marxistas, vê a cultura como o resultado dos conflitos sociais existentes. Estes pensadores relacionam ideologia à política, na medida em que esta atua na manutenção ou no questionamento de uma dada ordem social. Para a literatura de filiação marxista, a cultura é entendida como parte da questão ideológica de uma sociedade, implicando em duas ordens de problemas: (1) entre as classes sociais e entre as várias instâncias da realidade; (2) entre a infraestrutura econômica e a superestrutura cultural. A primeira problemática refere-se à dominação simbólica e à definição dos valores dominantes que ordenam o funcionamento da sociedade. A segunda, ao papel da vida material (para o marxismo, é determinante em última instância) e sua influência na vida simbólica.

A partir dos anos 1930, o campo marxista sofisticou a reflexão em torno da questão cultural e ideológica, entendendo a relação entre as duas categorias para além de determinismos econômicos e das visões instrumentais de cultura como forma de manipulação direta das classes dominantes sobre as classes dominadas. Autores marxistas como Georg Lukács, Walter Benjamin, Antonio Gramsci e Theodor Adorno, cada qual com suas particularidades, foram fundamentais na crítica à visão de determinação mecânica da vida material sobre a vida simbólica. Exploraram as autonomias que a dimensão cultural possui na vida social como um todo e demonstraram as diversas maneiras como ela atua na função de mediadora entre as outras dimensões desta mesma vida social.

A partir dos anos 1960, podemos dizer que houve uma certa aproximação entre o debate antropológico e o debate marxista sobre a questão cultural, cujo melhor exemplo é a área de Estudos Culturais, surgida a partir do trabalho de marxistas ingleses como Raymond Williams e Edward Thompson.

Muito influenciados por Gramsci, os *cultural studies* (Estudos Culturais) renovaram e, num certo sentido, fizeram convergir os debates sobre o problema da ideologia com as contribuições da Sociologia e da Antropologia em torno da questão cultural. Esses estudos surgiram inicialmente no *Centre for Contemporary Cultural Studies* da Universidade de Birmingham (Inglaterra), por volta de 1964, criado por Richard Hoggart e Raymond Williams, muito inspirados pela monumental História da classe operária inglesa, escrita por Edward Thompson.[7]

Os Estudos Culturais questionam o estabelecimento de hierarquias entre formas e práticas culturais, configuradas a partir de oposições como cultura "alta" ou "superior" *versus* cultura "baixa" ou "inferior". Dedicam-se a examinar "as relações entre cultura e poder e seu caráter essencialmente conflitivo". Estão atentos também à "cultura midiática e seu envolvimento em processos de resistência e reprodução social".[8]

Todos esses debates redimensionaram o campo da História Cultural, domínio historiográfico que tem se destacado nos últimos anos, influenciado não apenas pelos *cultural studies* de matriz marxista, mas também pela Antropologia que passou, mais recentemente, a despertar a atenção dos historiadores preocupados com cultura.

Tradicionalmente, a abordagem dos historiadores da cultura se aproximava da adotada pela História das Ideias e pela História da Arte, que se preocupavam em narrar a sucessão de gênios, obras e sociabilidades das elites. Com a Escola dos Annales, a palavra "mentalidades" entrou para o vocabulário dos historiadores entendida como uma espécie de inconsciente coletivo cultural que norteia as ações e valores cotidianos de uma sociedade e que é capaz de sobreviver às mudanças políticas e econômicas. O espectro das pesquisas históricas ampliou-se bastante.

Em reação a esta visão, mas também como seu desdobramento, desenvolveu-se a chamada Nova História Cultural. Os historiadores desta linha trabalham com duas definições básicas de cultura advindas dos trabalhos de dois antropólogos: (1) uma provém das reflexões de Malinowski, que define a cultura como o conjunto de artefatos herdados, bens e processos técnicos, ideias, hábitos e valores; (2) a outra, de Clifford Geertz, que vê a cultura como um feixe de "dimensões simbólicas do real".[9] A corrente da Nova História Cultural critica tanto a ideia de "mentalidades", que enfatiza as permanências e estruturas culturais inconscientes, quanto a ideia de cultura como "superestrutura" simbólica determinada ou influenciada por uma "infraestrutura" material.

Sugestões de trabalho escolar em torno da questão cultural

A breve história do conceito de "cultura", exposta no item anterior, dá uma ideia das várias possibilidades de trabalhos escolares que podem ser desenvolvidos com base nas escolhas feitas a partir

MARCOS NAPOLITANO

das linhas teóricas apresentadas. A título de sugestão, trazemos algumas propostas tendo em conta sua pertinência e demanda atuais. As propostas giram em torno de quatro grandes eixos de discussão, acompanhados de temas correlatos (colocados entre parênteses):

Identidade e pluralidade *(tolerância, convivência cultural e étnica, alteridade, cultura popular)*

Este é um dos temas mais valorizados nas propostas curriculares mais recentes. Conforme os PCNs, a temática da pluralidade cultural diz respeito

> ao conhecimento e à valorização de características étnicas e culturais dos diferentes grupos sociais que convivem no território nacional, às desigualdades socioeconômicas e à crítica às relações sociais discriminatórias e excludentes que permeiam a sociedade brasileira, oferecendo ao aluno a possibilidade de conhecer o Brasil como um país complexo, multifacetado e algumas vezes paradoxal [...] As culturas são produzidas pelos grupos sociais ao longo das suas histórias, na construção de suas formas de subsistência, na organização da vida social e política, nas suas relações com o meio e com outros grupos, na produção de conhecimentos etc. A diferença entre culturas é fruto da singularidade desses processos em cada grupo social.[10]

Dentro desse grande eixo, destacam-se alguns temas específicos, tais como a questão da alteridade (a relação com o "outro"), memória (substrato herdado das identidades), subcultura (nichos particulares de identidade e comportamento dentro de uma sociedade), tolerância (o respeito e o convívio entre os grupos socioculturais), etnia (bases identitárias dos grupos humanos), culturas de classe (valores, modos de vida e símbolos dos estratos socioeconômicos de uma sociedade), gênero (relação entre homens e mulheres, identidades sexuais).

O eixo das "pluralidades culturais" também está relacionado com um dos temas que mais demandam a ação escolar, ou seja, a promoção da "cultura da paz", definida pela Unesco como o conjunto de comportamentos, símbolos e valores centrados no conceito de tolerância, "marco referencial no processo de construção do entendimento, do respeito mútuo, da solidariedade".[11]

> Esse eixo de debate pode, por exemplo, ser aplicado nos seguintes conteúdos de História:
> * o conceito de civilização;
> * os desenvolvimentos das civilizações;
> * as tensões entre o mundo cristão e o muçulmano, a partir da Idade Média;
> * Reforma e Contrarreforma;
> * Guerras Religiosas;
> * Colonização da América e contatos entre europeus e indígenas;
> * o Brasil holandês do século XVII;
> * escravidão africana;
> * imperialismo;
> * racismo e cientificismo;
> * totalitarismos e guerras mundiais.

Cultura de massa e consumo cultural *(indústria cultural, meios de comunicação, subculturas juvenis, alienação, formação cultural, informação)*

A cultura de massa e o problema do consumo cultural têm sido grandes desafios para a cultura escolar. A relação entre escola e cultura massificada tem sido bastante problemática à medida que a escola perdeu o lugar privilegiado na reprodução dos valores sociais, prerrogativa fundamental que lhe deu substância e valorização institucional até bem pouco tempo atrás.

Desde os anos 1960, ao menos, a cultura massificada, os meios de comunicações e a indústria cultural são os principais polos de difusão de valores e ideologias. Obviamente, tal como a escola, são espaços perpassados por contradições, pois ainda que visem a reprodução do "sistema" de valores dominantes e dos interesses das grandes corporações capitalistas – como acreditam muitos estudiosos – podem contribuir para o debate, para a emergência de valores alternativos, para a disseminação de informações nem sempre controláveis – como demonstraram várias pesquisas.

Por outro lado, o tema da massificação da cultura é fundamental no mundo contemporâneo, pois os circuitos industrializados da cultura e da comunicação de massa, em última instância, são fundamentais na construção de identidades e valores do ser social, sobretudo a partir da segunda metade do século XX.

Uma das maiores ingenuidades dos educadores contemporâneos é a crença de que a escola pode se contrapor à mídia e à indústria cultural (até porque a relação de poder entre as duas é desigual, em prejuízo da escola). Apesar disso, a cultura escolar pode desempenhar, sob certas circunstâncias e dentro de limites, o papel de um importante polo gerador de debates e pensamento crítico sobre os efeitos da mídia e da massificação cultural. Ou seja, mesmo em um tempo em que a relação entre a consciência e o ser social é marcada pela presença forte da mídia massificada, dominada por grandes corporações capitalistas multinacionais, outras experiências culturais e sociabilidades mais tradicionais ainda são atuantes, tais como a própria escola, grupos políticos, família, igrejas, grupos profissionais, vizinhança, mídias locais e alternativas.[12] Arriscamos dizer que *a consciência social é o produto da interação da ação da mídia com estes outros repertórios e sociabilidades culturais.* O espaço escolar muitas vezes é o ponto de encontro desse feixe contraditório de experiências.

> Esse eixo de debate pode, por exemplo, ser aplicado nos seguintes conteúdos de História:
>
> * Revoluções Industriais;
> * a formação das sociedades de massa no século XX;
> * *american way of life*;
> * movimentos juvenis nos anos 1950 e 1960;
> * manifestações de contracultura;
> * o papel da cultura no Brasil e na América Latina dos anos 1960;
> * resistência cultural e política ao regime militar brasileiro;

Novos temas nas aulas de História

> * cultura de massa na era da globalização;
> * novas tecnologias e novas mídias.

Patrimônio e herança cultural *(memória, paisagem, história, cultura material, preservação, identidade nacional, identidade social, comunidade, patrimônio material e imaterial)*

Os valores, coisas e símbolos "herdados" das gerações passadas constituem o patrimônio cultural de uma sociedade, ou mesmo, considerando sua amplitude, da própria humanidade como tal. Aquilo que um dia teve uma função prática ou instrumental, com o passar do tempo torna-se um documento material para conhecer o passado. Todas as sociedades estabelecem elos de continuidade ou de ruptura cultural em relação ao passado, suas coisas materiais (monumentos, edifícios, objetos cotidianos, paisagens), objetos de arte (pinturas, esculturas, repertório poético e musical etc.) e eventos imateriais (festas, lendas, danças coletivas, receitas culinárias).

O processo de definição das identidades nacionais, entre os séculos XIX e XX, inventariou inúmeros patrimônios (construções, objetos, lendas, rituais) que se transformaram em memória comum para os cidadãos de um determinado país. Ao mesmo tempo, o mundo ocidental já construiu um conjunto de cânones – culturais, ideológicos, estéticos e cognitivos – nos campos da música erudita, da literatura, da ciência. Esses cânones definem o sentido de "alta cultura" irradiado a partir da porção eurocêntrica do mundo que se contrapôs às culturas populares ou autóctones de outros locais do planeta. Em que pese essa relação, assimétrica e tensa, entre a "alta cultura" criada e cultuada pela aristocracia e burguesia europeias e as culturas populares da própria Europa e de outras partes do mundo colonizadas por europeus, não se pode negligenciar o estudo escolar das grandes obras-primas filiadas à tradição letrada e erudita, como os grandes pintores clássicos (Da Vinci, Michelangelo etc.), os grandes romancistas (como Balzac, Dostoievski e outros) e os grandes compositores (Mozart, Bach, Beethoven etc.). A tradição cultural, a vanguarda e as culturas populares devem ser percebidas, apreciadas e estudadas dentro de seus contextos históricos e sociais. Todas essas vertentes devem fazer parte de uma formação cultural ampla e diversa e reservam, cada qual a seu modo, uma instigante experiência cultural e estética.

Nos processos de nacionalização ou de globalização cultural, houve localidades e comunidades que resistiram mantendo valores regionalistas ou comunitários. Pouco importa se todas essas tradições são herdadas do fundo dos tempos, numa linha de transmissão contínua ou se são tradições inventadas num determinado momento histórico para dar uma sensação de passado longínquo, monumental e ritualizado para as próprias sociedades que as inventaram.[13] As tradições, mesmo as inventadas, são forças socioculturais importantes na medida em que geram crenças, identidades, imaginários históricos, cultos ao passado.

Do ponto de vista ideológico, o patrimônio material ou imaterial pode servir tanto para conservadores quanto para revolucionários. Do ponto de vista cognitivo, o patrimônio pode estar tombado, colecionado e exposto em museus, ou pode estar esquecido, em ruínas, esperando o seu redescobrimento. Pode servir para o consumo de massa, com o turismo, ou pode servir como lugar de culto identitário, religioso ou cívico. Pode servir para conhecer o processo histórico que lhe deu origem ou pode servir *para congelar o passado* na forma de explicações prontas e acabadas.

> O patrimônio cultural, não obstante sua natureza, tipo ou estado de conservação, é um instigante tema de atividade escolar. Alguns assuntos podem gerar debates e trabalhos escolares de diversos tipos:
>
> - o estudo dos patrimônios históricos tombados e sua relação com a identidade cultural (na cidade, no Brasil e em outros países);
> - visitas a museus de história;
> - as apropriações simbólicas pelos grupos sociais.

O importante é que o professor trate o patrimônio como algo vivo e pulsante, que, mesmo quando se apresenta em ruínas, pode

NOVOS TEMAS NAS AULAS DE HISTÓRIA

nos dizer muita coisa. Ou melhor, o presente quer que o passado diga alguma coisa e o ensino pode ajudar a compreender, criticamente, por que as sociedades têm necessidade de história e "demanda de passado". Até sociedades que parecem cultuar o progresso e o futuro estão sempre reinventando e revisando seu passado.

Mesmo que não haja mais *uma* memória nacional oficial ou que, ao contrário, a sociedade seja marcada pela "falta de memória histórica", o passado é objeto de disputa, revisões e "descobertas" por parte de vários grupos sociais que compõem uma sociedade, gerando uma cacofonia de vozes e memórias sobre o passado. O próprio esquecimento deve ser analisado criticamente, pois ele pode revelar os traumas, os tabus, as seleções que a memória coletiva fez na definição e redefinição das identidades sociais e políticas.

> Esse eixo de debate pode, por exemplo, ser aplicado nos seguintes conteúdos de História:
>
> - legados de Grécia e Roma antigas;
> - Renascimento;
> - Romantismo no século xix;
> - sociedade feudal e sociedade capitalista;
> - cientificismo e evolucionismo no século xix;
> - movimentos nacionalistas e formação dos Estados nacionais (Europa e América Latina);
> - modernistas;
> - Semana de 22;
> - nacionalismo e autoritarismo nos anos 1920 e 1930;
> - primeiro governo Vargas (1930-1945);
> - povos indígenas;
> - grupos afro-brasileiros.

Cultura, cidadania e poder *(consciência, propaganda, ideologia, resistência, circularidade e conflito cultural)*

Finalmente, mas não menos importante, a reflexão escolar pode se debruçar sobre as relações entre cultura e política, outra importante dimensão da vida humana. Entre os historiadores marxistas tradicionalistas, as duas são vistas como "instâncias" da realidade, separadas ou submetidas a determinismos. Normalmente, nesse último caso, as perspectivas de análise destacam o uso instrumental da cultura pela política.

A Nova História Cultural[14] ou mesmo as novas formas de pensar a História Política[15] vêm chamando a atenção para a relação entre cultura e política, que pode se expressar por muitas linguagens, em diversas abordagens e assuntos.

Um conceito que tem sido revalorizado nos últimos anos é o de *cultura política*. Ao lado do velho conceito de ideologia, já discutido anteriormente, a cultura política ajuda a analisar o papel dos atores e instituições políticas ao longo da história. *Grosso modo*, enquanto ideologia remete ao conjunto de valores e normas que visam a reprodução social e dão cimento à identidade política de uma classe social ou partido político (no seu sentido mais estrito), o conceito de cultura política é mais amplo, podendo ser compreendido como o conjunto de normas, atitudes e valores que marcam a vida política de um determinado tempo e espaço, e que pode ser compartilhado por um conjunto de sujeitos, nem sempre pertencentes a um mesmo grupo ideológico. Por exemplo, pode haver uma cultura política democrática – que valorize a pluralidade, a liberdade de expressão irrestrita, a liberdade de voto etc. – à esquerda e à direita. Mas também pode haver uma cultura política autoritária, compartilhada por grupos ideologicamente opostos.

A linguagem em que o tema da cultura é fundamental e patente é a propaganda política. A propaganda política visa obter o consenso em torno de ideias e propostas ou o apoio, pela persuasão e sedução dos sujeitos receptores, para grupos partidários e líderes em disputa pelo poder. A propaganda política está intimamente ligada à chamada política de massas, ou seja, à política voltada para a mobilização de amplos contingentes e grupos sociais, para além da visão liberal-conservadora de "política para poucos".

Para os liberais, historicamente falando, a política deveria ser feita pela representação parlamentar e pelas atividades de governo, deixando-se as massas ao largo ou, no máximo, mobilizadas apenas nos períodos eleitorais.

Os regimes totalitários e autoritários que surgiram na primeira metade do século xx procuraram construir uma relação direta entre os líderes carismáticos, as organizações político-partidárias e as massas, e, para tal, a propaganda via rádio, meios impressos e cinema foi fundamental. A linguagem da propaganda apelava para elementos que constituíam o imaginário social,[16] para valores muitas vezes pouco ancorados em conceitos sofisticados e que normalmente definiam-se pela polaridade entre o bem e o mal, na busca de culpados pelas mazelas sociais e econômicas de um povo. Nesse sentido, a propaganda articulava valores culturais difusos na busca de um consenso em torno de ideologias e práticas políticas.

A relação entre cultura e política não se esgota no tema da manipulação das massas pela propaganda, seja ela de matriz democrática ou autoritária. A promoção da cidadania e a resistência às manipulações e opressões de ordem política e ideológica também se fazem a partir de valores culturais. Eles podem jogar um papel ativo, quando encontram canais organizacionais ou institucionais apropriados.

Normalmente, nos livros didáticos brasileiros, as lutas pela cidadania e a resistência político-cultural aparecem juntas, como se uma implicasse a outra. Numa sociedade de tradições autoritárias e excludentes como a nossa, seria estranho se fosse o contrário. O tema da resistência, no caso da história do Brasil, se articula à resistência do índio diante do invasor europeu, do africano diante do cativeiro, às lutas operárias do século xx, à resistência democrática contra as ditaduras, às lutas das minorias étnicas e sexuais por direitos iguais.

Entretanto, a relação entre os conceitos de resistência e cidadania deve ser mediada pela análise concreta das ideias e valores que dão suporte aos movimentos que "resistem". Em outros contextos históricos, nem sempre a "resistência" se faz em direção à cidadania, entendida como suporte da democracia de massas e da liberdade individual. Por exemplo, os movimentos de resistência a uma determinada tendência de modernização geral da sociedade podem ser conservadores e autoritários, e ter amplo apoio nas camadas populares. Podem expressar demandas coletivas, mas que nem sempre implicam construção da cidadania, no sentido mais rigoroso do termo. Expressão dessa tensão são os movimentos de fundamentalismo étnico, ideológico ou religioso, disseminados em todas as partes do mundo, que atuam dentro de um jogo complexo entre direito à expressão e à autonomia dos povos e valores muitas vezes autoritários e pré-modernos. Portanto, antes de romantizar o conceito de "resistência" e ligá-lo mecanicamente ao tema da cidadania, é preciso discutir os valores políticos e culturais que lhe dão conteúdo e coerência. É preciso pensar contra *o que* e em nome *do que* se resiste. É preciso pensar como a escola pode construir uma cultura de cidadania, valorizando, antes de tudo, a resistência à opressão em todos os níveis (étnico, ideológico, econômico, familiar), mas também entendendo como os valores opressivos e autoritários encontram apoio nas sociedades, e não apenas partem do governo, do Estado ou "das elites".

Há ainda um outro lado deste debate, também difícil de ser abordado. O tema da democracia e da cidadania não deve ser definido unicamente a partir de modelos liberais. Obviamente, para aceitarmos qualquer definição de democracia é necessário haver eleições regulares, direitos de expressão, direito de associação política e liberdades civis que garantam os direitos básicos do indivíduo. Entretanto, no mundo contemporâneo, o tema da democracia também é objeto de disputas e de experiências políticas diversas, nem sempre redutíveis aos modelos clássicos e historicamente mais estáveis (norte-americano e europeu). Existem sistemas políticos diferentes do modelo ocidental clássico que são baseados em eleições regulares, direito à expressão e opinião individual e legitimação dos debates políticos regrados pelo império da lei, em que pesem eventuais ações ou tendências autoritárias dos governantes. A reflexão em torno da questão cultural pode ajudar a entender as diferentes experiências democráticas que marcam a história da humanidade, em todos os seus limites, virtudes e desvios. Inclusive, ajuda a entender como Estados e regimes políticos que se autointitularam democráticos promoveram massacres e opressões em larga escala, seja em seu próprio território nacional, seja como força de ocupação estrangeira.

> Esse eixo de debate pode, por exemplo, ser aplicado nos seguintes conteúdos de História:
> - revoluções burguesas (séculos XVIII e XIX);
> - liberalismo e socialismo;
> - liberalismo;
> - escravidão e monarquia no Brasil oitocentista;
> - republicanismo e abolicionismo no Brasil;
> - movimento operário (Europa e Brasil);
> - Revolução Russa;
> - totalitarismos no entre-guerras;
> - direitos humanos no pós-guerra e o papel da ONU;
> - Guerra Fria, revoluções e ditaduras no Terceiro Mundo (anos 1950 a 1970);
> - a geopolítica dos blocos econômicos;
> - o mundo pós-Guerra Fria, a hegemonia norte-americana e seus questionamentos;
> - a redemocratização do Brasil;
> - movimentos sociais no Brasil contemporâneo.

Comentários finais

Esta divisão em eixos de debate cumpre uma função meramente didática, pois, ao fim e ao cabo, todos estes temas estão conectados e imbricados entre si. Igualmente, os campos tradicionalmente ligados à cultura estão presentes em todos eles, como as artes, as ideias, a cultura material, os valores simbólicos e os modos de vida. Esses temas, objetos e linguagens geram as fontes que o professor pode analisar em sala de aula e articular aos quatro eixos dinamizadores do debate cultural e seus respectivos problemas, propostos anteriormente. O professor encontrará um farto material de apoio – textos, imagens e atividades – seja nos parâmetros curriculares, nos ensaios de formação pedagógica, em sites na rede mundial de computadores e nos manuais didáticos e paradidáticos.

A articulação entre os eixos de discussão, os conceitos de cultura, as fontes e as problemáticas e temas sugeridos pelos currículos

MARCOS NAPOLITANO

escolares pode ajudar o professor a trabalhar com a questão cultural para além dos clichês e lugares-comuns, valorizando a cultura como um campo dinâmico, um campo de conflito e de discussão. Por outro lado, pode ajudar a localizar o papel da cultura no jogo complexo entre reprodução e transformação social, alienação e consciência, lazer e formação. Quando aplicada à História do Brasil, a reflexão sobre a questão cultural ajuda a entender como a nossa sociedade, de matriz ocidental, mas de formação interétnica, vem se definindo e redefinindo ao longo da sua história como Estado-nação.

Em tempo: a cultura, por si mesma, não determina o social, não explica os jogos de poder, não aliena nem conscientiza. A cultura pode estar presente tanto na hierarquização dos grupos sociais quanto na busca da igualdade. Na manutenção da ordem ou nos processos revolucionários. No cotidiano e nos acontecimentos excepcionais. Na identidade e no estranhamento. A cultura é plural, mas pode aparecer, ideologicamente, como una e indivisível. Portanto, compreender a dimensão cultural ao longo da história é compreender os conflitos e lutas pela definição de sentidos, valores e significações de vários ramos de atividade humana, em cada contexto específico.

Sugestões bibliográficas

- Nestor Canclini, *Culturas híbridas: estratégias para entrar e sair da modernidade*, São Paulo, Edusp, 1996.
  Importante ensaio sobre a modernidade latino-americana, suas originalidades, contradições e limites. Nele, o autor desenvolve o conceito de "hibridismo" para analisar a tensão entre arcaico e moderno que marca a cultura das sociedades latino-americanas.

- Teixeira Coelho, org., *Dicionário crítico de política cultural*, Iluminuras/Fapesp, 1997.
  Ajuda a entender diversos termos correlatos à categoria "cultura", suas definições e aplicações teóricas e políticas.

NOVOS TEMAS NAS AULAS DE HISTÓRIA

- Denis Cuche, *A noção de cultura em ciências sociais*, Bauru, Edusc, 1999.
  É uma boa introdução teórica sobre o debate em torno do conceito de cultura e suas aplicações em Ciências Sociais. Apresenta, de maneira didática e organizada, as principais correntes, autores e obras.

- Renato Ortiz, *Cultura brasileira e identidade nacional*, São Paulo, Brasiliense, 1994.
  Apresenta com clareza o debate sobre o conceito de "cultura brasileira" e como ele foi pensado por vários autores e correntes teóricas e ideológicas, ao longo dos séculos XIX e XX.

- Raymond Williams, *Cultura*, São Paulo, Paz e Terra, 1997.
  Neste ensaio, aquele que foi um dos fundadores da área de Estudos Culturais procura organizar e questionar os vários objetos e abordagens de "cultura", da História das Ideias à História da Arte, dos modos de vida à comunicação de massa.

- Marcos Napolitano, *Como usar o cinema na sala de aula*, 4.ed. 1. reimp., São Paulo, Contexto, 2008.
  Obra de apoio para professores, revela caminhos para transformar a exibição de filmes na sala de aula em um recurso rico e extremamente sedutor. Descreve os procedimentos básicos para analisar um filme e indica numerosas atividades práticas, com sugestões de títulos e de abordagens.

Notas

[1] PCNEMs – Ciências Humanas e suas tecnologias, p. 77, grifo nosso.

[2] Ulpiano B. Meneses, "Os usos culturais da cultura: contribuição para uma abordagem crítica das práticas e políticas culturais", em E. Yazigi et al. (orgs.), Turismo: espaço, paisagem e cultura, São Paulo, Hucitec, 1999, pp. 88-99.

[3] Johann G. Herder, Também uma filosofia da história para a formação da humanidade: uma contribuição a muitas contribuições do século, Lisboa, Antígona, 1995 (original de 1774).

[4] Denis Cuche, A noção de cultura nas ciências sociais, Bauru, Edusc, 1999. Este livro é um excelente guia teórico, que serviu de roteiro para sintetizar o debate antropológico sobre o conceito de cultura.

[5] Edward B. Tylor, Primitive culture v1: researches into the development of mythology, philosophy, religion, language, art and custom, New York, Gordon Press, 1974.

[6] O evolucionismo eurocêntrico hierarquizava as culturas dentro de um padrão universal dado pelo estágio de desenvolvimento material e espiritual da sociedade burguesa europeia.

[7] E. Thompson, A formação da classe operária inglesa, São Paulo, Paz e Terra, 1997, (3 volumes).

[8] Ana Escosteguy, Cartografia dos estudos culturais: uma versão latino-americana, Belo Horizonte, Autêntica, 2001, p. 13.

[9] C. Geertz, Uma interpretação das culturas, Rio de Janeiro, Guanabara Koogan, 1989.

[10] PCNs – Pluralidade Cultural, p. 121.

[11] Idem, p.124.

[12] R. Eyerman e A. Jamison, "Social movements and cultural transformation: popular music in the 60s", em Media, Culture and Society, London, Sage, 17/3, jul. 1995, pp. 449-68.

[13] E. Hobsbawm e T. Ranger, A invenção das tradições, São Paulo, Paz e Terra, 1997.

[14] Roger Chartier, "O mundo como representação", em Estudos Avançados, São Paulo, jan./ abr. 1991, v. 5, n. 11, pp. 173-91.

[15] René Remond (org.), Por uma história política, 2. ed., Rio de Janeiro, FGV, 2003.

[16] Bronislaw Baczo, "Imaginação social", em Enciclopédia Einaudi, Porto, Imprensa Nacional / Casa da Moeda, 1996, v. 5.

ALIMENTAÇÃO

Fábio Pestana Ramos

É comum observarmos os movimentos da história através de guerras e revoluções ou de motivações políticas, econômicas e sociais; e muitas vezes nos esquecemos de que, por trás do desenrolar dos fatos históricos podem existir razões diretamente relacionadas a um ato básico cotidiano necessário ao funcionamento biológico do organismo humano: a alimentação.

A história também pode ser entendida através da evolução dos hábitos e costumes alimentares. Além de ser parte importantíssima da sobrevivência material da espécie, a alimentação está ligada a questões culturais e religiosas, a distinções sociais, étnicas, regionais e até de gênero, a problemas ambientais, ao desenvolvimento econômico, às relações de poder e a tantos outros assuntos que demandam a atenção dos historiadores. Por isso, o tema da alimentação é tão interessante para a História.

> Por meio dos relatos escritos, sabemos que guerras foram promovidas pela procura de ingredientes exóticos para pratos que se tornaram símbolo de *status* das elites, diferenciando-as do resto da sociedade. Um desses épicos embates aconteceu entre os chineses há três mil anos, portanto antes da Unificação da China, quando reinos rivais chineses disputaram o controle das reservas de sal.

> Os antigos egípcios consideravam que a saúde e longevidade dependiam da disponibilidade dos prazeres à mesa. Para eles, a fartura e o exotismo dos ingredientes utilizados na confecção dos pratos demonstravam o poder de quem os consumia. As elites egípcias gozavam de um cardápio variado que incluía massas, carne vermelha de diversos tipos, laticínios, peixes, frutas, legumes, cereais, condimentos e bebidas.

A busca por recursos alimentares mobilizou nossos ancestrais desde os primórdios do processo de humanização.

> O compartilhamento dos alimentos entre os membros dos primeiros grupos humanos permitiu a socialização necessária ao chamado processo de humanização da espécie. Aos poucos, nossos ancestrais mais antigos aprenderam também a transmitir os conhecimentos acumulados às gerações futuras. Compartilhando víveres e conhecimentos, tornaram-se mais capacitados diante dos perigos da natureza e das ameaças de seus competidores na disputa por recursos alimentares.

O excedente na produção de alimentos, quando do desenvolvimento da agricultura, possibilitou as primeiras trocas comerciais e o consequente intercâmbio cultural que envolveu, inclusive, a apreciação de sabores importados de outras regiões.

A administração dos estoques agrícolas está relacionada ao surgimento das primeiras civilizações e dos grandes impérios da Antiguidade.

> As primeiras civilizações desenvolveram-se em regiões banhadas por grandes rios que garantiam a fertilidade da terra – algo fundamental para o cultivo de alimentos – e que demandavam "um trabalho sistemático, organizado e de grande envergadura" desenvolvido por uma "força de trabalho concentrada" comandada por uma liderança reconhecida, legitimada.[1] Na Índia (junto ao Indo), na China (às margens do rio Amarelo), na

> Mesopotâmia (no vale formado pelos rios Tigre e Eufrates) e no Egito (em torno do Nilo) desenvolveram-se organizações sociais desse tipo.

A própria escrita nasceu por volta de 3000 a.e.c. com o objetivo de controlar a produção, os estoques e a distribuição de alimentos. E só então passou a ser utilizada para outros fins.

Procurando por novos recursos e gêneros alimentícios, impérios se estabeleceram estendendo-se por vastas áreas durante a Antiguidade clássica.

> Os gregos e romanos dominaram extensões territoriais que possibilitaram aos estratos mais elevados manter um estilo de vida gastronômico sofisticado, regado mais que a azeite e vinho, também a queijos, hortaliças como alho, cebola e agrião e condimentos que iam do manjericão à pimenta e ao cravo. Os ingredientes que apreciavam e os modos de preparo que empregavam foram aos poucos sofrendo influência cultural dos povos subjugados.

> Na Antiguidade, o sal chegou a ser considerado tão importante que foi adotado como moeda entre os romanos; era usado para pagar parte do soldo dos legionários, daí deriva o termo corrente entre nós: salário.

A produção de alimentos figurou também na base da estrutura feudal.

O instinto de sobrevivência vinculado com o saciar do apetite esteve no centro de acontecimentos que marcaram a história da humanidade. Foi, por exemplo, o estopim da Revolução Francesa.

> Na França do século XVIII, uma grande seca, anos antes do início da eclosão das revoltas populares, causou um exorbitante aumento no preço dos pães, base da alimentação da população pobre concentrada nas cidades, provocando uma fome generalizada que acirrou os ânimos e criou o clima propício à propagação dos ideais revolucionários que alimentariam a Revolução.

Igualmente, a acumulação primitiva de capital, que possibilitou o surgimento do sistema capitalista, esteve intimamente relacionada com necessidades e hábitos de consumo de alimentos. A reboque, a globalização, que se iniciou muito antes do neoliberalismo do século xx, começou com a transculturação de gêneros cultiváveis, a partir do século xv, responsável por uma verdadeira mistura de sabores. (A origem geográfica real dos alimentos se perdeu em meio a estereótipos construídos em torno de pratos que se tornaram típicos, depois da implantação de culturas agrícolas importadas de lugares distantes.)

Aplicando a temática ao estudo da história do Brasil, as razões que conduziram ao Descobrimento estiveram subordinadas à procura por especiarias no século xvi. A partir daí, ciclos agrícolas definiram os rumos do desenvolvimento brasileiro: açúcar, café, cacau, soja etc.

Hoje, a alimentação é tema recorrente na mídia, debatido em torno de um cenário de fome e miséria reinante na maior parte do planeta. Está, portanto, na pauta do dia, mas será que deveria ser abordado em sala de aula pelo professor de História? Sendo a resposta afirmativa, por que e como isso poderia ser benéfico ao aprendizado do educando?

Por que estudar a alimentação?

Diante do agravamento da escassez de gêneros para alimentar a crescente população mundial, a discussão em torno dos precedentes que conduziram à situação atual deve ser incorporada ao conteúdo básico necessário à formação da cidadania.

O debate evolvendo a fome e a miséria também demanda o estudo do passado para formar indivíduos críticos imunes à manipulação ideológica deste tema amplamente utilizado por políticos e outros grupos de interesse para justificar programas, diretrizes econômicas e intervenções ambientais. Estudando a alimentação em sala de aula, obviamente aplicada ao seu objeto específico de ação pedagógica, o professor de História pode estimular questionamentos embasados em dados concretos e, dessa forma, colaborar para a formação de indivíduos mais conscientes.

Além disso, observar a história à luz dos hábitos alimentares tem a grande vantagem de permitir um contato direto com a realidade comum a qualquer educando, independentemente de sua classe social ou condição cultural. Afinal, todos nos alimentamos e levamos à boca mais que sabores, fatias generosas da história daquilo que comemos e bebemos diariamente.

> Quem já não comeu uma bela feijoada? Entretanto, poucos sabem que por trás desse "prato típico" existe toda uma história. Segundo muitos pesquisadores, a origem da feijoada está fixada nas senzalas. O prato teria nascido a partir dos restos do porco, não aproveitados pelos senhores de engenho, fornecidos como comida aos escravos. Estes, então, juntavam a carne com o feijão preto, compondo a feijoada. Estudos recentes mostram que, apesar dessa origem humilde, o prato rapidamente conquistou o paladar da elite colonial brasileira. No século XVII, a feijoada já era consumida entre as mais diversas categorias sociais. Continuou, porém, a ser dada aos escravos apesar de ter adquirido o *status* de "iguaria fina". Na verdade, os escravos, em geral, não eram mal alimentados. Como parte do patrimônio do grande proprietário de terras, os escravos tinham que ser capazes de trabalhar, propiciar lucros e manter seu valor de mercado. E foi por isso que continuaram a consumir feijoada mesmo depois que o prato passou a ser apreciado pela elite.

O conteúdo dos currículos de História, por vezes aparentemente etéreo e distanciado do cotidiano do aluno no tempo e espaço, pode ser abordado de forma mais dinâmica com o recorte temático que privilegia a alimentação, mostrando as inegáveis relações entre o passado e a realidade contemporânea; permitindo visualizar, inclusive, o papel de cada um de nós como agentes ativos da história e corresponsáveis pelo futuro da humanidade.

> A dona de casa, ao selecionar o cardápio do dia, ou o garoto, ao eleger o seu lanche favorito, ambos fazem escolhas que estão baseadas em opções historicamente desenvolvidas. Ao mesmo tempo, definem demandas por determinados alimentos que interferem na economia e na ocupação agrícola das terras cultiváveis, implicando em ajustes nos planos governamentais e nas dinâmicas do comércio internacional para dar conta das necessidades da sociedade e do mercado.

Simultaneamente, o estudo da temática dos alimentos nas aulas de História pode ser um bom caminho para levar o educando a reconhecer os laços que o unem ou as diferenças que o separam de seus contemporâneos e de seus antepassados, de seus colegas próximos e das pessoas ao redor do mundo.

Aquilo que comemos e bebemos e a forma como fazemos isso, os protocolos que envolvem o ato de se alimentar, dizem muito sobre quem somos e como nos tornamos indivíduos integrados a um contexto mais amplo decorrente, sobretudo, das escolhas de nossos antepassados dentro das possibilidades que a eles se apresentaram. A identidade de uma nação, de uma região ou de um grupo, em larga medida, pode ser observada pelas suas características gastronômicas, seus rituais de consumo de alimentos, sua padronização no compartilhamento da comida, nos assessórios e mobiliários utilizados durante a refeição e em uma série de outras características que envolvem a temática.

A visão dos historiadores

Os historiadores de ofício, imbuídos do espírito científico, tiveram sua atenção despertada para a importância do estudo da alimentação e suas implicações a partir do início do século xx. Desde então desenvolveram discussões e traçaram hipóteses que, pouco a pouco, têm sido incorporadas aos materiais didáticos, apresentando-se implicitamente nos textos que o professor de História trabalha com seus alunos.

Embora estudos antropológicos e sociológicos sobre a alimentação tenham sido desenvolvidos desde o século XIX, o tema só passou a ser objeto da História a partir de 1932, quando um botânico polonês, chamado Adam Maurizio, publicou em Paris a obra clássica *História da alimentação vegetal desde a pré-história*,[2] estabelecendo relações entre o cultivo de gêneros agrícolas e o desenvolvimento das grandes civilizações.

Outros pesquisadores seguiram seus passos, compondo novos trabalhos acerca da influência da procura por recursos alimentares no desenvolvimento histórico de grupos sociais e civilizações, estreitando o vínculo da temática alimentação com a História. Eram pesquisas que tinham como base a concepção teórica centrada no conceito de desenvolvimento dos agrupamentos humanos por meio de *estágios da cultura*, medidos pelo progresso científico, político, social, econômico ou artístico.

Assim, a alimentação tornou-se um dos componentes utilizados para mensurar o chamado nível civilizacional. A sofisticação no preparo dos pratos, o exotismo dos ingredientes e sua combinação cuidadosa, a estética da apresentação dos alimentos, a teatralização do rito de consumo e a politização do ato, tudo, somado, passou a servir de parâmetro para ajudar a categorizar e classificar os povos e as civilizações. É claro que, tendo tomado a cultura europeia como o referencial maior, o "ápice", esse modo de ver acabou servindo como uma das justificativas ideológicas para o domínio da chamada civilização ocidental sobre o resto do mundo.

> O imperialismo pode ser definido como uma tendência política que pretendia expandir o domínio territorial, cultural e econômico da Europa sobre o resto do mundo no século XIX, justificado através da "comprovação histórica" do adiantado nível de desenvolvimento civilizacional dos europeus perante os outros povos do planeta. Hoje, tal justificativa é considerada pela maioria esmagadora dos historiadores como algo total-

> mente equivocado e fora de propósito. Estes explicam a motivação da dominação europeia oitocentista pela necessidade da expansão do sistema capitalista por meio da busca por novas terras produtoras de matéria-prima para as indústrias e de mercados consumidores dos produtos manufaturados na Europa. Porém, na época, até o chamado refinamento dos hábitos à mesa e a sofisticação dos pratos franceses serviram para justificar a atuação francesa na África. Segundo os franceses, seus hábitos alimentares eram muito superiores aos "costumes rudimentares" dos africanos, que comiam com as mãos e não se preocupavam com a apresentação estética dos pratos. Entre outros, isso serviu de pretexto para a invasão e controle de vários pontos da África pela França: cabia aos franceses "civilizar os atrasados africanos".

Os historiadores da linha positivista e da Escola Metódica alemã – norteados pela busca de leis que regulassem o desenvolvimento humano e pelo chauvinismo então em voga – elegeram a Europa como "o berço das civilizações mais avançadas". Em decorrência disso, acabaram legitimando a ideia de que os "mais civilizados" deveriam exercer um poder hegemônico perante as "civilizações inferiores", que ainda engatinhavam para tentar alcançar, por exemplo, o requinte gastronômico ou o desenvolvimento tecnológico-alimentar do Velho Mundo.

Esse panorama só começaria a ser questionado com o aparecimento da corrente historiográfica marxista, um sistema tido como racional de interpretação da *realidade histórica*. Essa realidade, marcada pelo *determinismo econômico* e o *materialismo histórico*, é então pensada em termos de movimento e mudança. Para os marxistas, uma ideia, teoria, crença ou forma de pensamento não podem ser vistas sem correspondência com o contexto histórico. E alguns vão além: acreditam que, localizando as raízes das ideologias na realidade histórica, tornamo-nos mais capacitados a transformar essa mesma realidade.

Essa lógica de pensamento poderia ter modificado radicalmente a visão sobre o papel desenvolvido pela alimentação na história dos povos e civilizações, não fosse o fato de os historiadores marxistas não terem, por muito tempo, se interessado pela temática.

Entretanto, na segunda metade do século xx a visão da História sobre a alimentação foi radicalmente alterada com a publicação dos trabalhos da segunda geração da Escola dos Annales, a corrente historiográfica francesa que se originou a partir de uma revista acadêmica (*Annales: economia, sociedade e civilizações*).

A par dos debates entre positivistas e marxistas e unindo o estudo da Geografia, Sociologia, História e Economia para entender as mudanças históricas, o historiador Fernand Braudel criou os conceitos de *longa, média* e *curta duração*, essenciais ao entendimento transversal da temática alimentação ao longo da história.[3]

Para problematizar os fatos históricos, Braudel deu especial atenção ao cotidiano, tornando, com isso, a alimentação um tema relevante, digno da atenção dos historiadores. Desenvolveu também o conceito de *cultura material*, "o conjunto de objetos – tecidos, utensílios, ferramentas, adornos, meios de transporte, moradias, armas etc. – que formam o ambiente concreto de determinada sociedade". Para superar os obstáculos do meio ambiente, o ser humano, desde os primórdios, criou diversos utensílios e implementos, aproveitando matérias-primas encontradas na natureza. Com o desenvolvimento das diversas culturas e sociedades, foram sendo elaboradas formas que, além de úteis, fossem consideradas belas, com acabamento que proporcionasse satisfação ao usuário e ao observador.

Inspirado pelo trabalho de Lucien Febvre – sobre a *distribuição de gorduras* e no uso de fontes ligadas aos *fundos de cozinha* –, Braudel procurou demonstrar como o estudo de aspectos vinculados à sobrevivência humana, dentre os quais a alimentação, poderia balizar o entendimento de questões complexas que afetam a realidade contemporânea, expressando valores como a hospitalidade, masculinidade ou feminilidade.

> Para o historiador Lucien Febvre, um dos pais da Escola de Annales, um *aumento setorial* (conforme a localização geográfica) no consumo de gordura e carne poderia demonstrar, por exemplo, que a renda de

> determinada região a utilizar os gêneros como ingredientes em sua culinária foi elevada, servindo de indicativo para investigar mudanças na economia e na sociedade. Febvre argumentava que o estudo dos *fundos de cozinha* (a documentação pertinente à culinária que traz receitas de pratos e os ingredientes utilizados) pode expressar mais que hábitos alimentares, sinalizando como a cultura esteve configurada no passado, marcada também por fatores estritamente econômicos, como a disponibilidade de solo adequado para o cultivo ou o capital necessário para a importação de determinados gêneros.[4]

Braudel acreditava que as convulsões sociais, as grandes migrações, a busca por novas terras além-mar, as invasões, o surgimento de novas ideologias e, portanto, as mudanças políticas, entre outros fatos históricos, geralmente eram precedidos por períodos de fome causados pela escassez de gêneros devido à infertilidade das terras cultiváveis, a intempéries ou à má administração do potencial agrícola. Concluiu então que a História da Alimentação deveria utilizar a Demografia e os dados de produção agrícola para entender os processos revolucionários em sentido amplo, ou seja, as grandes mudanças observadas à luz da *longa duração*.

Essa visão esteve presente já no clássico braudeliano de 1947 – *O Mediterrâneo e o mundo mediterrânico na época de Felipe II*,[5] em que o autor demonstra a aceleração do intercâmbio comercial, cultural e tecnológico entre os povos do Mediterrâneo a partir da existência de excedentes na produção de alimentos. Na revista *Annales*, em 1961, Braudel lançou um convite aos historiadores para que investigassem a História da Alimentação pelo prisma da *longa duração*.[6]

O chamado de Braudel foi inspirador. Definiu a roupagem sobre a qual os historiadores, a partir de então, construiriam leituras sobre a História da Alimentação e seu cruzamento com uma visão totalizadora da história em geral. Impulsionou também o inverso: a chamada Micro-História, que privilegia uma análise pormenorizada de questões ligadas aos indivíduos e ao cotidiano das pessoas comuns.

A partir da década de 1970, as pesquisas históricas sobre a alimentação começaram a se multiplicar. Elas buscavam subsídios teóricos no estudo das *mentalidades*, legítimo herdeiro dos *Annales*, o qual pretendia, como ressaltou Jacques Le Goff em 1974, examinar o inconsciente coletivo, compondo uma História psicológica singular, enfatizando o cotidiano, as pequenas coisas do dia a dia carregadas de significado.[7]

Dentro dessa linha de pesquisa, surgiu o trabalho de Jean Paul Aron ("A cozinha: um cardápio do século xix") publicado na obra *Faire de l'histoire*, traduzida no Brasil como *História* e publicada em três volumes *(Novos problemas, Novas abordagens, Novos objetos)*.[8]

Outro fruto importante da década de 1970 foi a obra de Jean-François Revel, *Um banquete de palavras*, publicada no Brasil apenas em 1996.[9] Aborda a gastronomia utilizando como fontes de pesquisa a literatura associada aos fundos de cozinha. Faz uma distinção entre a culinária popular e a erudita e as percebe como espaços simbólicos de diferenciação entre as categorias sociais.

Reconhecida a relevância da temática alimentação na pesquisa histórica, vários historiadores preocupados com as *representações* – conceito definido por Roger Chartier[10] como mais abrangente que o de mentalidades, pois leva a decodificar a realidade do já vivido por meio das expressões encontradas nas reminiscências presentes nos dias atuais – se debruçaram com afinco sobre o assunto seguindo os parâmetros historiográficos da chamada Nova História Cultural.

Insere-se nessa tendência, por exemplo, o livro de Margareth Visser, *O ritual do jantar*, publicado originalmente em 1992 e traduzido no Brasil somente em 1998.[11] Segundo a autora, o homem transformou o consumo do alimento em um ritual. Mais que uma necessidade biológica, seria um pré-requisito cultural para o estabelecimento de vínculos sociais, diferenciando, integrando e distinguindo os homens, ao longo da história, por meio de regras de comportamento que incluem ou excluem.

Enfim, já existe um grande número de trabalhos sobre alimentação e história à disposição dos leitores. Seja qual for a concepção teórica que serve de base à visão dos diversos historiadores que se debruçam sobre as questões que envolvem a alimentação, o fato é que eles demonstram, sem sombra de dúvida, que o tema é rico de conteúdo e de possibilidades de reflexão.

Alguns exemplos de História da Alimentação

Antes de escolher uma linha historiográfica, eleger seus historiadores favoritos ou decidir por uma ou outra abordagem do assunto em aula, o professor deve procurar conhecer um pouco mais sobre a História da Alimentação. Adiante, apresentamos algumas ideias para que o professor se sinta estimulado a desenvolver com seus alunos projetos que possibilitem um aprofundamento do tema.[12]

Na Idade Moderna

Durante a Idade Média, a variedade de gêneros alimentícios foi drasticamente reduzida na Europa por conta do fechamento da sociedade em pequenos grupos fixados em volta dos castelos. A produção agrícola reduziu-se à cultura de subsistência, sustentada pelo trabalho servil, ao mesmo tempo em que, paradoxalmente, passou a constituir a base da economia e da sociedade. O intercâmbio comercial diminuiu, assim como a troca de cardápios entre as populações.

Em contrapartida, dispondo, quase sempre, apenas de poucos ingredientes, o requinte que passou a simbolizar *status* foi transferido para a apresentação dos pratos: ricamente enfeitados e com o sabor forte dos condimentos usados para disfarçar a falta de variedade e, muitas vezes, o nível de deterioração dos alimentos.

> Diante da falta de meios de conservação da carne, para além do processo de defumação e do salgar ou deixar secar ao sol, a pimenta tornou-se o principal condimento usado para disfarçar o cheiro e o sabor da carne semipodre que precisava ser consumida por falta

de outra opção, em um cenário de escassez generalizada de alimentos.

Importada da Índia desde a Antiguidade, durante a Idade Média a pimenta chegou a ser considerada um produto de luxo e de uso exclusivo da alta nobreza, sendo guardada em cofres e figurando no testamento dos homens mais abastados da Europa.

A passagem da Idade Média para a Moderna – com os Grandes Descobrimentos, a inserção do Novo Mundo no panorama europeu e o estreitamento de relações comerciais com o Oriente – trouxe novos sabores para a Europa. Chegaram ao Velho Mundo a batata e o milho da América, produtos que se integrariam à cultura europeia e que iriam compor pratos típicos de várias nações em processo de formação, como a Inglaterra ou, posteriormente, a Alemanha.

Até a introdução do milho e da batata na dieta europeia, a imensa maioria da população consumia como alimento básico uma espécie de pão barato, tal como na época dos romanos. Esse pão era todo cheio de terra, porque não se costumava joeirar o trigo, e sim apenas moê-lo, tão sujo como havia vindo da eira.

Para acompanhar o pão, os europeus mais pobres comiam peixes, sempre os de tipo mais comum e barato.

Qualquer que fosse a posição social, nunca se dispensava o sal, as ervas de cheiro (coentro, salsa e hortelã), o açúcar, a pimenta, as hortaliças e grãos como ervilha, lentilha, feijão, fava e grão-de-bico. Havia grande variedade de peixes, mas seu consumo era vedado à maioria da população, pois, a exemplo do que ocorria com o pão branco, as taxas da Coroa tornavam os preços dos pescados exorbitantes. O famoso bacalhau, de tão caro, causava espanto até em estrangeiros. A despeito da grande disponibilidade de peixes, como o carapau, o atum, o salmonete e o peixe-espada, e de lulas e chocos, o povo miúdo se alimentava pobremente de sardinhas cozidas e salpicadas com condimentos, vendidas em abundância por toda a cidade.

Novos temas nas aulas de História

> De fato, o alimento mais barato era a sardinha, obtida com notável facilidade, fora da barra. Carne bovina, ovina e suína eram raridade. Entretanto, havia propriedades que se dedicavam à criação de frangos, galinhas, capões e patos, os quais rendiam saborosos pratos. Porém, mesmo entre os nobres, as aves chegavam à mesa somente em ocasiões festivas.[13]

Todavia, a transferência e aclimatação de culturas agrícolas foi mais ampla. A banana, por exemplo, foi introduzida na ilha da Madeira a partir da África, tornando-se um de seus expoentes típicos. O arroz da China e do Japão foi implantado no Brasil juntamente com o coco originário do oceano Índico e tantos outros produtos que hoje são tidos como "típicos" de lugares onde antes nunca ninguém havia ouvido falar deles.

A troca de olhares entre povos de culturas distintas, no período quinhentista, acompanhada da descoberta de novos ingredientes de parte a parte, assim como de maneiras variadas de preparar os alimentos, criou novas demandas por produtos que terminaram servindo a interesses econômicos poderosos.

Podemos dizer que o cultivo do açúcar e o do café, baseados até o século xix no trabalho dos escravos importados da África para a América, por exemplo, globalizaram hábitos, costumes e comportamentos, difundindo o sistema capitalista pelos quatro cantos do mundo.

O consumo desses produtos, ao lado do chocolate, fabricado a partir do cacau, tornou-se um hábito cultural, "uma necessidade criada artificialmente" difundida, primeiro, a partir de suas supostas propriedades curativas e medicinais estimulantes e, depois, através da propaganda de massa que começou a despontar no início do século xx.

A gênese do sistema capitalista

A despeito de muitos autores fixarem o início da formação do sistema capitalista no século xviii, com a Revolução Industrial, outros, com os quais eu concordo, costumam demonstrar que a acumulação primitiva de capital – que possibilitou a industrialização da Inglaterra – começou no século XIII, estando vinculada à história da alimentação.

As cidades italianas de Gênova, Florença e Veneza, a partir do contexto das Cruzadas, criaram um intenso intercâmbio comercial com mercadores muçulmanos. Os produtos que seriam intermediados pelas cidades italianas para o resto da Europa estariam circunscritos a algo que hoje nos parece comum e que está presente em qualquer cozinha: condimentos e especiarias, ou seja, tempero.

O comércio das especiarias propiciou um acúmulo de capital nunca antes observado pela humanidade, o que permitiu à cidade de Gênova assumir um papel de destaque perante reinos e feudos de toda a Europa: tornou-se a primeira potência hegemônica do nascente sistema capitalista.

Gênova aplicou boa parte de seu capital acumulado no financiamento das navegações portuguesas do século XV e XVI. Permitiu assim que os lusos chegassem à Índia através do Atlântico, indo buscar pimenta para abastecer a demanda europeia pelo produto.

Holandeses e ingleses aproveitaram a fragilidade das naus portuguesas da Índia para tentar participar também da extraordinária lucratividade propiciada pela pimenta. Eles providenciaram ataques piratas que saqueavam os navios lusos que se aproximavam da Europa carregando as riquezas do Oriente.

> No século XVI, o açúcar produzido nos engenhos brasileiros não rendia mais que 200% sobre o capital investido, enquanto a pimenta-do-reino chegava a oferecer uma lucratividade de 24.000%, o que serviu de forte atrativo para investidores e piratas dispostos a roubá-la dos navios lusitanos que transportavam o produto da Índia para Portugal. Embora a pimenta-do-reino enfrentasse a concorrência da malagueta, importada da África também pelos portugueses, desde o século XV, ela era considerada de qualidade superior a qualquer outra variedade. Assim, a lucratividade propiciada por esse produto manteve-se altíssima, a despeito da queda de seu preço em vista dos patamares praticados na Idade Média.

> Em 1690, os lusos conseguiram aclimatar a pimenta-do-reino e implantar a sua cultura na Bahia, aqui no Brasil. Com isso, finalmente os custos com o transporte foram drasticamente reduzidos, fazendo a cotação do produto na Europa despencar e popularizando ainda mais o seu uso na Europa e na América.

Graças à pirataria, os holandeses acumularam um capital que tornou a Holanda, nos séculos XVII e XVIII, a grande potência hegemônica do sistema capitalista.

Também tributária dos atos de pirataria, tendo acumulado por esse meio o capital que foi investido na Revolução Industrial, a Inglaterra, depois das guerras anglo-holandesas, tornou-se a nova potência capitalista no século XIX.

A história do capitalismo a partir de então é bem conhecida – o século XX assistiu a um novo reajuste do sistema capitalista com a hegemonia dos Estados Unidos e o XXI já inaugurou as apostas sobre o futuro –, mas é importante lembrar que essa história, desde sua gênese, esteve estreitamente ligada à dos alimentos.

No Brasil

Já percebemos como é óbvia a contribuição da História da Alimentação para o entendimento da história geral. Com relação à história particular do Brasil, a temática alimentação encontra seu vínculo desde as origens.

O dito descobrimento do Brasil por Pedro Álvares Cabral só foi possível porque os portugueses estavam desbravando os mares em busca de especiarias. A ocupação das novas terras pelos colonos europeus esteve baseada inicialmente no açúcar. O Brasil Império teve como ápice de sua economia o cultivo do café, que também foi a base de sustentação dos primeiros governos republicanos.

Além disso, a História do Brasil sempre se cruzou com a História Geral, tendo sofrido influência dos hábitos praticados em todas as partes do mundo, principalmente por conta da globalização cultural iniciada no século xv, incluindo-se aí os protocolos e costumes à mesa bem como diversos gostos e práticas culinárias. Destarte, as práticas alimentares brasileiras podem simbolizar ainda relações complexas que demonstram o perfil de nossa cultura e seu vínculo com a história de outros povos.

São inúmeros os trabalhos de pesquisa abordando essas relações. O precursor de todos eles é o famoso livro do folclorista Luís da Câmara Cascudo, *História da alimentação no Brasil*, de 1963.[14]

Ele foi um pioneiro que deu origem a uma tradição de estudos que, cada vez mais, tornam-se comuns, focalizando a relevância da alimentação para o entendimento da história do Brasil. Cascudo demonstrou, por exemplo, como a cultura miscigenada brasileira pode ser compreendida à luz da participação na culinária regional dos portugueses, espanhóis, africanos, indígenas, árabes, italianos, alemães, entre outros.

Assim, da mesma forma que a história geral possui profundo vínculo com a alimentação, a história do Brasil também pode ser entendida pelo prisma dessa temática. No entanto, mesmo sendo óbvia essa relação, sua transposição para a realidade da sala de aula está nas mãos do professor de História, o único capaz de desenvolver uma abordagem adaptada a seus educandos e que possibilite um melhor aproveitamento da explanação do conteúdo curricular por meio desse viés.

Sugestões de trabalho e abordagem

Motivação é a chave para o sucesso de qualquer abordagem pedagógica que procura compatibilizar determinada temática com o conteúdo fixado pelos parâmetros curriculares.

Em seguida, é preciso pensar bem em como partir da realidade do educando para trazê-lo para dentro da história, mostrando a relevância do conhecimento para o entendimento do presente. Já vimos que *alimentação*, como algo que faz parte da vida de todos sem exceção, é um bom gancho para começar a tratar de qualquer período, está na base de muitos acontecimentos históricos e foi afetada de uma forma ou de outra por inúmeros outros (estou falando, por exemplo, de guerras, migrações, revoluções, mudanças nos papéis de gênero, nos padrões de consumo, no acesso aos bens materiais, no meio ambiente etc.).

Além disso, por ser um assunto cada vez mais presente na mídia (por conta das especulações e prognósticos a respeito de uma provável carência de alimentos ou do aumento de seus custos em termos mundiais, por exemplo), não é preciso grande esforço para despertar o interesse em sala de aula mostrando sua importância e atualidade.

Se o professor pretende ajudar o aluno a reconhecer a si mesmo como agente da história e fruto das ações de nossos antepassados, a abordagem da alimentação, pelo prisma das diferenças ou semelhanças entre o vivido pelo educando e a descrição do passado, pode ajudá-lo nessa tarefa. Usando episódios curiosos, o professor pode chamar a atenção dos alunos para as aulas de História, atraindo o interesse da classe pelos dados exóticos e, a partir daí, para o estudo dos conteúdos fixados nos currículos de História Integrada, Geral e do Brasil.

Com a alimentação como referencial, o professor pode ainda trabalhar questões universais e contemporâneas, tais como o preconceito cultural ou o abismo social entre ricos e pobres, tudo contextualizado por meio da História.

Esquemas traçados na lousa podem auxiliar o educando na visualização das relações existentes entre os grandes fatos históricos e os episódios pontuais e pitorescos envolvendo a alimentação. Recortes de jornais e revistas sobre a questão da fome (contraposta ao desperdício e à opulência de certos países industrializados) podem servir para iniciar discussões sobre a temática alimentação e história. Receitas ou cardápios, que trazem os ingredientes, o modo de preparo – no fogão à lenha, no chão, no micro-ondas –, os utensílios de cozinha, os recipientes e os objetos usados no consumo do alimento também podem instigar a curiosidade do educando. A exibição de filmes que mostrem o ato de se alimentar e toda a dinâmica histórica em torno do preparo dos pratos e da escolha dos ingredientes –

respondendo a questões como "O que as pessoas comiam?", "Como comiam?", "Onde obtinham os alimentos?", "Quem os preparava (escravos, mulheres, crianças)?", entre outras – podem ilustrar as aulas e ajudar na visualização da pauta.

Mas para que seja possível operacionalizar essas estratégias, antes é necessário que o professor busque sustentação em boas leituras que enriqueçam o seu trabalho, como as que sugerimos a seguir.

Sugestões bibliográficas

Existe uma série inumerável de livros, artigos, dissertações e teses abordando a história geral e do Brasil através da alimentação. Além disso, núcleos e linhas de pesquisa em universidades estão se consolidando por todo o mundo, multiplicando a cada dia os estudos sobre a temática. Esses trabalhos acadêmicos se propagam, inclusive pela internet, com textos disponibilizados on-line gratuitamente. Aqui vão algumas sugestões de livros interessantes:

- Jean Louis Flandrin e Massino Montari, *História da alimentação*, trad. Luciano Monteiro Machado, São Paulo, Estação Liberdade, 1998.
  Oferece um balanço das tendências historiográficas e das obras publicadas sobre a temática alimentação. Aborda os hábitos alimentares cotidianos em diversas culturas ao longo da história, dentre os quais se incluem aqueles praticados na Mesopotâmia, no Egito, na Grécia e em Roma antigos. Trata também dos hábitos dos "bárbaros" e dos bizantinos, árabes e judeus da Idade Média. A amplitude da abordagem inclui o papel do pão, do vinho, dos condimentos e da arte culinária em geral no cotidiano das pessoas. Fala também dos períodos de fartura e de carestia e de seus reflexos nas sociedades e nas economias. Chega a analisar mesmo o contexto alimentar nos Estados Unidos contemporâneos.

- Jaime Pinsky, *As primeiras civilizações*, 24. ed., São Paulo, Contexto, 2008.
  O contexto da formação dos agrupamentos humanos primitivos e a organização das primeiras civilizações podem ser entendidos facilmente

através desta obra escrita de forma instigante. Entre outras coisas, ela evidencia o papel da alimentação no desenrolar do processo histórico. Acessível ao educando, pode ser indicada também aos alunos.

- Fábio Pestana Ramos, *No tempo das especiarias*, 3. ed., São Paulo, Contexto, 2006.
  Leitura interessante e curiosa, recheada de episódios pitorescos, ajuda a entender a formação do sistema capitalista e seu vínculo com o tempero. Mostra a relação estabelecida entre a busca por especiarias e as viagens de descobrimento, traçando um panorama detalhado da economia e da sociedade dos séculos xv, xvi e xvii. Toca também em questões que envolvem o cotidiano na modernidade e suas implicações na grande história. Ajuda a compreender diversos costumes brasileiros da época colonial, assim como o papel do açúcar no início do povoamento do Brasil pelos portugueses. A leitura pode ser complementada com a obra *Por mares nunca dantes navegados* (São Paulo, Contexto, 2008), do mesmo autor, que trata do cotidiano da gente embarcada nos navios lusitanos. Analisa a questão do abastecimento em Portugal, nos navios, nas fortalezas e feitorias e nas colônias portuguesas.

- Ana Luiza Martins, *História do café*, 1. ed. 1. reimp., São Paulo, Contexto, 2008.
  Apresenta a trajetória da "exótica planta", de suas origens até virar um item de consumo internacional. Destaca a presença histórica do café no Brasil, onde se tornou um dos principais produtos de exportação e serviu de sustentáculo das economias imperial e republicana, além de estimular a implantação de ferrovias e a urbanização, criações artísticas e hábitos culturais.

- Henrique Carneiro, *Comida e sociedade: uma história da alimentação*, São Paulo, Campus, 2003.
  Juntamente com o já citado clássico de Luis da Câmara Cascudo, *História da alimentação no Brasil*, este livro de Henrique Carneiro pode servir de material básico para se trabalhar com a temática alimentação em sala de aula. Sua leitura pode ser complementada com a de outros livros do mesmo autor, especialmente *Pequena enciclopédia da história das drogas e bebidas* (São Paulo, Campus, 2005) e *Álcool e drogas na história do Brasil* (São Paulo, Alameda, 2005), este último escrito em parceria com o historiador Renato Pinto Venâncio.

Sugestões de filmes

Muitos filmes tocam de uma forma ou outra na questão da alimentação, contudo, poucos demonstram com clareza o vínculo existente entre os hábitos alimentares e a História – nada que um olhar atento do professor não dê conta de corrigir. Dependendo do assunto e do período abordado, o professor pode procurar por filmes (ou trechos deles) que mostrem: condições miseráveis de vida e de pobreza alimentar (secas, migrações, cercos, guerras, campos de prisioneiros etc.); antropofagia ou outros hábitos alimentares exóticos (de tribos indígenas, povos do Oriente, africanos etc.); náufragos em busca de comida; o trabalho nas *plantations*; a vida de camponeses; o preparo de alimentos etc. Seja como for, a filmografia pertinente pode ilustrar a temática da alimentação e servir de gancho, despertando a atenção do educando, para abordar os conteúdos curriculares básicos e o aprofundamento dos assuntos relacionados.

- *A guerra do fogo* (La guerre du feu, dir. Jean-Jacques Annaud, França/Canadá, 1981)
  Esta produção franco-canadense – com Everett McGill, Rae Dawn Chong, Ron Perlman, Nameer El Kadi – retrata o cotidiano do período neolítico vivido por uma tribo de *homo sapiens* que busca recuperar o fogo perdido após um ataque de neandertais. A procura pela subsistência alimentar necessária à sobrevivência é o centro do filme, que mostra o contexto das migrações humanas e a busca por terras que ofereçam melhores condições de vida. A partir do filme, o professor pode trabalhar com seus alunos a temática da socialização nos primeiros grupos humanos ou a das origens do processo de sedentarização.

- *Vatel: um banquete para o rei* (Vatel, dir. Rolland Joffé, França/Inglaterra, 2000)
  Produção franco-inglesa que conta com um elenco de estrelas como Gerard Depardieu, Uma Thurman, Tim Roth, Julian Glover e Julian Sands. Narra a saga de Vatel, mestre de cerimônias do príncipe de Condé, encarregado de organizar um banquete para o rei da França, Luis xiv, em 1671. Destacando a teatralização do protocolo em torno da mesa e as excentricidades culinárias dos nobres da época, o filme é extremamente útil para iniciar uma discussão sobre a estratificação social no Antigo Regime e a origem da Revolução Francesa.

NOVOS TEMAS NAS AULAS DE HISTÓRIA

- *O nome da rosa* (The name of the rose, dir. Jean-Jacques Annaud, Estados Unidos, 1986)

  Produção conjunta da Alemanha, França e Itália, tem no seu elenco nomes famosos como Sean Connery, F. Murray Abraham, Christian Slater. Na última semana de 1327, em um mosteiro beneditino medieval na Itália, uma série de estranhas mortes é investigada por um monge franciscano e seu assistente. Baseado na obra de Umberto Eco, o enredo atraente trata de uma série de questões relacionadas ao período medieval, entre as quais o contraste entre a opulência alimentar de alguns grupos sociais em oposição à fome reinante na vida da maior parte da população.

- *A festa de Babette* (Babette's feast, dir. Gabriel Axel, Dinamarca/França,1987)

  Produção franco-dinamarquesa, com Sthéfane Audran, Birgitte Ferderspiel, Bodil Kjer, entre outros. Ambienta a história no século XIX, mais precisamente em 1871, quando uma parisiense, fugindo da repressão da Comuna de Paris, Babette, ex-chefe de cozinha no refinado Cafè Anglais, oferece seus serviços como cozinheira e faxineira em uma casa de protestantes na Dinamarca. Depois de algum tempo, recebe a notícia de que ganhou na loteria e resolve oferecer "um autêntico jantar francês" à comunidade. O filme estimula reflexões sobre o contexto político do século XIX, o cotidiano das pequenas aldeias, os costumes frugais protestantes e a sofisticação à mesa da elite parisiense.

- *Mestre dos mares: o lado mais distante do mundo* (Master and comander: the far side of the world, dir. Peter Weir, Estados Unidos, 2003)

  Filme norte-americano estrelado por Russel Crowe e Paul Bettany, é baseado na série de livros Aubrey-Maturin, de Patrick O'Brian. A trama traz o cotidiano a bordo de uma fragata inglesa, a Surprise, em 1808, quando o navio cruza meio mundo pelo Atlântico e Pacífico perseguindo uma embarcação inimiga francesa, no contexto das guerras napoleônicas, passando, inclusive, pela costa brasileira e aportando nas ilhas Galápagos. Em clima de aventura e em meio a inúmeras cenas de batalha, o filme mostra as mazelas alimentares diárias vividas pelos marujos.

- *Rebelião em alto-mar* (The Bounty, dir. Roger Donaldson, Estados Unidos,1984)

  Com roteiro baseado em livro de Richard Hough, essa produção norteamericana conta com os atores Anthony Hopkins, Mel Gibson e Liam

Neeson. Aborda o caso real ocorrido em 1789, no navio inglês Bounty, o qual, empreendendo uma viagem até o Taiti para conseguir mudas de frutapão, que seriam largamente cultivadas para alimentar os escravos nas colônias britânicas, nunca retornou à Europa. Depois de aportar na América, os marujos terminam se misturando aos nativos, absorvendo seus hábitos e costumes, mas sendo forçados por seu comandante a abandonar o Novo Mundo. O filme pode ilustrar o período das navegações ultramarinas.

Pensando especificamente na realidade histórica brasileira, seguem algumas sugestões:

- *Hans Staden* (Hans Staden, dir. Luiz Alberto Pereira, Brasil/Portugal, 2000)
  Com Carlos Evelyn, Sérgio Mamberti e Stênio Garcia. Pode ser utilizado como material didático – se o professor achar que não haverá problemas com a exibição das cenas de nudez contidas no filme – para discutir a conquista da América, o choque cultural entre nativos e europeus e o início da colonização lusitana do Brasil. Conta a história do alemão Hans Staden, que naufragou no litoral de Santa Catarina no século XVI e viveu por dois anos em São Vicente, onde trabalhou para poder voltar à Europa e teve a seu serviço um escravo da tribo carijó. Foi capturado por tupinambás, inimigos dos portugueses, e levado à tribo para ser devorado em um ritual antropofágico.

- *A muralha* (A muralha, dir. Denise Saraceni, Brasil, 2000)
  Minissérie brasileira, baseada no romance homônimo de Dinah Silveira de Queiróz e lançada em DVD em 2002. No elenco: Leandra Leal, Alessandra Negrini, Letícia Sabatella, Tarcísio Meira, José Wilker, entre outros. Retrata o cotidiano dos bandeirantes paulistas no século XVII, a vida da vila de São Paulo, as relações estabelecidas entre índios e europeus, o choque entre as culturas, o papel do catolicismo na colonização, além de outros inúmeros assuntos relacionados ao período.

Notas

[1] Jaime Pinsky, As primeiras civilizações, 24. ed., São Paulo, Contexto, 2008.

[2] Adam Maurizio, Histoire de l'alimentation végétale depuis la préhistoire jusqu'à nos jours, Paris, Payot, 1932.

[3] F. Braudel, Civilização material e capitalismo, Lisboa, Cosmos, 1970. Bebidas y excitantes, Madri, Alianza Editorial, 1994.

[4] Lucien Febvre, "Repartition géographique des fonds de cuisine en France", em Travaux du 1èr Congrès International de Folklore, Tours, 1938.

[5] Fernand Braudel, O Mediterrâneo e o mundo mediterrânico na época de Felipe II, Lisboa, Martins Fontes, 1983.

[6] F. Braudel, "Alimentation et catégories de l'histoire", em Annales 16, 1961, pp. 723-8.

[7] Jacques Le Goff, História e memória, Campinas, Unicamp, 1994.

[8] Jean Paul Aron, "A cozinha: um cardápio do século XIX", em J. Le Goff e P. Nora (orgs.), História: novos objetos, Rio de Janeiro, Francisco Alves, 1974.

[9] J. Revel, Um banquete de palavras: uma história da sensibilidade gastronômica, São Paulo, Companhia das Letras, 1996.

[10] Roger Chartier, A história cultural, Lisboa, Difel, 1990.

[11] Margareth Visser, O ritual do jantar, Rio de Janeiro, Campus, 1998.

[12] Afinal, segundo as concepções pedagógicas mais modernas, todo professor é antes de tudo um pesquisador, já que precisa se atualizar constantemente para exercitar o domínio sobre o conteúdo de sua área de competência, possibilitando ao educando o contato com as conclusões mais recentes e compassadas com as exigências da vida moderna, em uma época dita da era da informação, quando as notícias circulam com rapidez e facilidade pelo mundo todo, constituindo o aprimoramento do saber uma ferramenta de trabalho em qualquer profissão.

[13] Fábio Pestana Ramos, Por mares nunca dantes navegados, São Paulo, Contexto, 2008, pp. 56-7.

[14] Luis da Câmara Cascudo, História da alimentação no Brasil, São Paulo, Global Editora, 2004.

CORPO

PIETRA DIWAN

Cada vez que o professor entra numa sala de aula após um período de recesso – férias ou mesmo um fim de semana –, corre o risco de se espantar. Os alunos vêm sempre com novidades: partes diferentes do corpo à mostra, tatuagens, cabelos mais claros ou de cores duvidosas, roupas apertadas, rasgadas, sintéticas, sapatos esportivos de todos os modelos, sem falar do arsenal de parafernálias eletrônicas – computadores, celulares, aparelhos de mp3, *videogames* – portáteis e individualizadas. Os hábitos, linguagens e elementos de consumo juvenil são tantos que surpreendem quem não faz parte do "universo jovem"; eles estão relacionados com um estilo de vida que identifica e agrupa um conjunto de pessoas de determinadas faixas etária e social com um conjunto de símbolos que carregam consigo. Mas, apesar de o senso comum afirmar que sempre foi desse jeito, o fato é que a adoção de estilos e hábitos identificados como juvenis e a própria ideia do que é "ser" ou parecer jovem têm história, ou seja, variam ao longo do tempo e não são sempre as mesmas em diferentes sociedades.

A História, em diálogo constante com os documentos, é capaz de historicizar essas "naturalizações" sociais. No caso dos estudantes, é importante que eles saibam que, por exemplo, seu "modo de vida" é histórico e está sujeito às mudanças sociais. E a História pode ajudá-los.

Novos temas nas aulas de História

A linha de pesquisa da História do Corpo contribui para a compreensão de processos históricos vinculados ao corpo, valorizando-o como objeto principal de análise. Os historiadores dessa linha procuram entender historicamente, por exemplo, a prática do consumo, a moda, a concepção de normalidade e a importância dada à aparência.

Ao abrir suas aulas para esta temática, o professor pode tomar como ponto de partida o próprio mundo do aluno – seus questionamentos, seu potencial criativo, o presente tecnológico – para chegar à questão do corpo, um "objeto" histórico submetido a sucessivas intervenções. Acredito que esse seja um modo de tornar interessante o estudo do passado para esses mesmos jovens – cuja característica principal parece ser o imediatismo, mas que não podem ficar nisso se quiserem crescer intelectualmente e como cidadãos.

Para não cometer anacronismos, a responsabilidade principal de professores e historiadores é o compromisso com as fontes, ou seja, com os documentos que proporcionam os elementos para a análise do passado e a coerência com as análises feitas anteriormente. Feita essa ressalva, é importante ter em mente que a História do Corpo pode trabalhar com qualquer tema que se desdobre das reflexões sobre o corpo individual ou coletivo, ou seja, a sociedade. Sexualidade, prazer, saúde, alimentação e esporte são algumas de suas matérias de estudo.

Como objeto de investigação, o corpo é plural. Ao mesmo tempo material e imaterial. Sujeito a pesquisas que envolvem fisiologia e medicina, mas também fé, pensamento, sentimentos, imagens e representações. O corpo é visto pelos historiadores como um documento vivo, repleto de significados sobrepostos por inúmeras temporalidades; sua história não para de ser recriada.

Um novo objeto e uma nova análise do passado

A linha de pesquisa da História do Corpo está presente na historiografia – principalmente a francesa – desde a década de 1970. O historiador Georges Vigarello pode ser considerado o pioneiro nessa temática a partir do lançamento do livro *Le corps redressé* (O corpo consertado) no final da década de 1970. No livro, Vigarello analisa as técnicas de correção corporal, que visavam corrigir a postura e os movimentos de corpos cuja constituição era "desarmônica", como, por exemplo, uma corcunda ou um desequilíbrio de formas. Aparelhos corretores, superpesados, feitos em metal, verdadeiras armaduras, imobilizavam e continham os movimentos corporais com a finalidade de torná-los mais "civilizados". Vigarello conclui que tais tecnologias tiveram como objetivo corrigir as condutas humanas, e não o corpo em si, o corpo-matéria.

O filósofo Michel Foucault problematizou o corpo pensando nas relações de poder que não se encontram somente na esfera estatal e econômica, mas também nos *micropoderes*. Mostrou que, a partir de um determinado contexto histórico, no século XVIII, surgiram inúmeras regras e imposições ao corpo individual com o objetivo de efetivamente controlar o coletivo. Chamou esse fenômeno histórico de *biopoder*, que teria se originado com o nascimento do capitalismo e sua necessidade de controlar as populações a partir de um conjunto de normas, ligadas aos processos econômicos, que procuraram docilizar e otimizar as capacidades produtivas do "corpo social".[1] Ao longo do tempo, esse biopoder criou técnicas de controle e atuou em instituições como o exército, a família, a polícia, a escola, a medicina, o governo, entre outras.

Acompanhando Foucault, diversos historiadores da linha da História do Corpo procuram analisar tais instituições desse ponto de vista. Adotam inclusive uma perspectiva interdisciplinar que procura um diálogo da História com a Psicanálise, a Filosofia, a Medicina, a Teoria Cultural, entre outras.

No Brasil, muitos historiadores trabalham há tempos com o tema e produzem investigações relevantes para a historiografia. Muitos desses trabalhos são desdobramentos das reflexões feitas na década de 1980 relacionadas às questões de gênero, do trabalho e da cultura. Ao longo dos anos 1990, trabalhos sobre a história do corpo multiplicaram-se nos diversos programas de pós-graduação nas universidades do país.

Denise Bernuzzi de Sant'Anna, membro do corpo docente da Pontifícia Universidade Católica de São Paulo (PUC-SP) foi uma das pioneiras na área: no seu doutorado, orientado pela historiadora Michelle Perrot da Universidade de Paris VII, escreveu *La recherche de la beauté* (A pesquisa da beleza) sobre as práticas e as representações de embelezamento feminino no Brasil de 1900 a 1980.[2]

Além da PUC, outras universidades também constituíram núcleos de pesquisa em História do Corpo. A Universidade de Campinas (Unicamp), por exemplo, possui um na área de Educação, com estudos sobre educação corporal, ginástica e higiene, atualmente sob supervisão de Carmen Lúcia Soares. Também na Unicamp, a historiadora Margareth Rago, especialista em genealogia foucaultiana e nos estudos de gênero, cruza em seus diversos trabalhos as temáticas de gênero, corpo e história.[3]

Há ainda diversos programas de pós-graduação que seguem desenvolvendo pesquisas importantes sobre a história do corpo em cursos de Psicologia, Dança e Filosofia por todo o país.

Na verdade, quanto mais pesquisas forem desenvolvidas no país, mais apuradas e aprofundadas serão as reflexões sobre o tema, só enriquecendo a percepção e o conhecimento histórico sobre o corpo brasileiro.

Medicalização da sociedade, eugenia e genoma

Se a história do corpo fosse estudada por biólogos, provavelmente seriam vistos assuntos como o desenvolvimento corporal e as mutações do ponto de vista fisiológico. Quando o corpo se torna objeto de historiadores, ele deixa de ser tomado em seu aspecto biológico para ser observado no que tem de social. As análises dos historiadores revelam como a sociedade via – e ainda vê – o corpo, categorizando, fragmentando, medicando, normatizando, criticando suas ações e suas posturas, tentando entender seu funcionamento ou procurando responder: "Quem somos?", "Para onde vamos?".

Médicos, psiquiatras e cientistas trataram de encontrar os caminhos para enfrentar tais questionamentos humanos. Uns abriram o corpo, dissecando seus órgãos, observando suas veias, suas articulações, fragmentando-o sucessivamente em minúsculas partes para estudá-las, enquanto outros buscaram decifrar os mistérios da mente e o comportamento humano a partir do corpo. Desde a segunda metade do século xix, com os resultados dessas pesquisas, pareceu às pessoas que o conhecimento médico era o mais apto a nos dizer algo sobre o corpo. Esse processo foi chamado de *medicalização da sociedade*. Fortificou-se a partir daí a crença de que o corpo pode ser explicado única e exclusivamente a partir da ciência dos médicos, biólogos e psicanalistas. Com tal legitimidade, a Medicina e a Biologia começaram a intervir mais e mais na vida das pessoas. Definiram categoricamente o que seria "normal" e "anormal", "saúde" e "doença", "belo" e "feio", "certo" e "errado" – sempre uma coisa ou outra, sem nuanças. Medicina e Ciências Biológicas passaram, então, a ser vistas como as únicas fontes confiáveis da verdade sobre o corpo.

Desde o nascimento da Genética moderna, em 1900 (com a popularização dos trabalhos de Gregor Mendel), aos sucessos do Projeto Genoma Humano, na virada para o século xxi, muitas foram as permanências em relação aos modos dominantes de se ver e interpretar o corpo.

A Genética moderna nasceu com a intenção de estudar e corrigir os "desvios", vistos como anormalidades, e baseou-se em uma teoria que ficaria muito conhecida após a Primeira Guerra Mundial: a eugenia. A eugenia tinha por objetivo usar a genética para selecionar os melhores caracteres humanos, eliminando aquelas características consideradas indesejadas ou anormais. Os caminhos para o sucesso seriam a segregação dos diferentes ou "defeituosos", a restrição dos casamentos e dos movimentos migratórios (que invariavelmente levavam a misturas "indesejadas") e a esterilização de pessoas que não passavam pelos critérios eugênicos. Deficientes físicos, vítimas de distúrbios mentais, alcoólatras, prostitutas, tuberculosos e sifilíticos, entre outras tantas categorias, compunham o grupo dos "doentes" passíveis de eliminação.

Novos temas nas aulas de História

Muitos países da Europa, Ásia e América (inclusive os Estados Unidos) aderiram a essa ideia e estabeleceram políticas de Estado no sentido de implantá-las, com maior ou menor grau de fanatismo. Pouco mais de duas décadas após o sucesso da divulgação internacional da eugenia, o nazismo se utilizou da teoria de maneira extrema para eliminar radicalmente os indivíduos que "inviabilizariam o nascimento do III Reich". Judeus, homossexuais, ciganos, poloneses, entre outros, foram levados a campos de concentração, onde foram submetidos a trabalhos forçados e boa parte deles mortos nas câmaras de gás, por conta da chamada Solução Final, cujo objetivo era fazer valer a premissa eugenista de purificar a "raça alemã".

Após o final da Segunda Guerra Mundial, com a derrota da Alemanha, a eugenia tornou-se sinônimo de extremismo, intolerância e vergonha por parte de biólogos e médicos. Porém, vários de seus princípios, práticas e perguntas seguiram na moda ligadas, desta vez, ao novo "protagonista do corpo", o DNA, descoberto em 1953. O corpo continuou sendo o principal objeto de estudo dos pesquisadores interessados em "decifrar a vida", e a Genética voltou a ganhar lugar de destaque nos laboratórios de pesquisa nas décadas de 1970 e 1980. Com o início do Projeto Genoma Humano (de decodificação do mapa genético), inaugurado em 1994, cientistas de diversos países iniciaram uma corrida para saber – desta vez imaginam que definitivamente – como funciona o corpo.

Em 2001, a cartografia humana estava pronta (em grande parte graças ao investimento inicial de US$ 100 milhões pelo governo norte-americano e a aliança de diversos laboratórios privados no mundo todo em torno da execução do projeto). A partir de então, sabe-se que essa estrutura invisível sofre ínfimas modificações capazes de produzir corpos radicalmente diferentes. O problema para os cientistas agora é saber quais os genes que agem e se combinam entre si e por quê. Dentre estes há os que investigam os "desvios" genéticos em busca de "aprimoramentos".

Pesquisadores e pensadores, especialmente da área de Humanas, alertam para o risco de um novo tipo de eugenia (que chamam de *neoeugenismo*) e questionam as implicações éticas de diversos experimentos genéticos que vêm sendo feitos. A História, particularmente, é capaz de contribuir muito com esse debate: ao historicizar "verdades" científicas (mostrando sua mutabilidade), ao humanizar o corpo (revelando os condicionamentos sociais a que está sujeito), ao mapear as diferentes e por vezes contraditórias representações sobre o corpo e ao apontar, com exemplos do passado, as possíveis consequências sociais de determinadas visões ditas científicas e aparentemente neutras sobre o corpo.

Moda, idolatria de marca e consumo

Este capítulo começou com uma referência ao comportamento de jovens das grandes cidades que vivem grudados aos seus aparatos tecnológicos e se exibem de determinada maneira que os identifica com seus pares, com sua "tribo", como alguns dizem. Pois uma ótima maneira de levar o jovem a refletir sobre si mesmo e seu presente é convidando-o a fazer uma viagem ao passado.

Muitos adolescentes de hoje idolatram símbolos, grifes e logotipos. Adoram modismos. Marcas esportivas – Nike, Adidas, Puma – estão entre as favoritas. Essa "paixão direcionada a coisas" é chamada pelos estudiosos de *atitude de marca* e a propaganda para o consumo de tais produtos vende a ilusão de sucesso e poder individual.[4] Sabe-se que a produção de massa está especialmente localizada em países não democráticos, como a China, que é frequentemente acusada de explorar o trabalho infantil e remunerar os operários com salários ínfimos. Um par desses tênis da moda chega a custar hoje, em termos mundiais, 70 dólares, enquanto o custo de produção é de no máximo 15 dólares por par. Em países como o Brasil – ainda com péssima distribuição de renda –, poucos podem adquirir um exemplar original. A *idolatria da marca*, aliada à falta de recursos, dá margem à exploração da pirataria. Pirataria essa, aliás, criada e produzida muitas vezes nas mesmas regiões e países que fabricam os produtos originais. De que modo marcas como Nike

Novos temas nas aulas de História

e McDonalds, entre outras, se tornaram tão poderosas a ponto de ganhar os corações e mentes e, em certo sentido, até ditar o estilo de vida de jovens no mundo todo?

Esta introdução serve para começar a refletir, do ponto de vista histórico, sobre a idolatria da marca e a moda – alguns dos temas caros à História do Corpo. Voltemos, pois, ao passado para encontrar as raízes desses fenômenos.

As respostas podem ser buscadas em diversos níveis de reflexão, mas nem todas as questões correlatas poderão ser respondidas de uma só vez (essa é, aliás, a realidade dos historiadores. Não é possível jamais dar conta da totalidade de um tema, de um fato ou de um recorte histórico. Entretanto, depois de estudar diversas fontes e arriscarmos nossas interpretações, podemos chegar a explicações bem satisfatórias). A título de exemplo, vamos apontar alguns caminhos de análise.

Primeiramente, a moda é basicamente um fenômeno burguês. Ela nasceu no final do século xviii com a emergência dos primeiros negociantes que, na tentativa de mostrar suas posses e exibir seu poder, passaram a investir altas somas para se vestir bem e viver confortavelmente, mas de maneira distinta da nobreza. A moda ampliou-se graças à Revolução Industrial, a ascensão da burguesia e a caracterização da sociedade industrial no século seguinte. No século xx, especialmente após o final da Segunda Guerra Mundial, a indústria de massa acabou por popularizar a moda e a direcionar cada vez mais seus produtos para públicos específicos como forma de vender mais e melhor. Daí em diante, o consumismo ganhou destaque.

Uma vez entendido o "como" da moda, vamos ao "por quê".

A valorização da aparência não é um fenômeno exclusivo do século xxi. A aparência é histórica. A principal razão para o investimento de altas somas em "modelitos" exclusivos foi ostentar a superioridade econômica burguesa em contraposição à nobreza identificada com seus bordados, cortes e espartilhos. Vestir-se bem e melhor que a nobreza significava mostrar o sucesso da burguesia e a decadência da realeza. No plano dos micropoderes, a aparência ganhou ainda mais relevância nas relações sociais por ter valor e significado político.

Num outro caminho, a "boa aparência" é pré-requisito da moda. A "boa aparência" (ou a adequação ao *padrão de beleza*) está diretamente ligada à exposição de si, mas também ao reconhecimento do outro (que é fruto direto do valor social atribuído às aparências). É sabido que o padrão de beleza oscilou historicamente. Das modelos voluptuosas admiradas e retratadas pelos pintores renascentistas às mulheres de cintura marcada por espartilho ou às magérrimas *top models* de hoje, o ideal de beleza feminina variou muito.[5]

No início do século XX com o fim da moda do espartilho, o corpo da mulher foi finalmente libertado após séculos de repressão em seus movimentos. No entanto, embora a mulher estivesse livre da pressão do espartilho, a preocupação com o olhar repreensivo, seja do marido, da família ou da sociedade, de modo geral incutiu em cada mulher um "espartilho interior". Essa *interiorização do espartilho* representou ainda uma prática repressiva, pois acabou tornando a mulher dependente dos métodos trazidos pela cosmética, pelas dietas, pela atividade física e pelo desenvolvimento da medicina de correção estética que prometiam "corrigir" e "reparar" todas as "imperfeições" femininas.

Com o tempo, a forma física atlética, alcançada com a liberdade de movimentos e a prática esportiva, passou a ser valorizada também para mulheres. Porém, nos últimos vinte anos, ela se tornou uma obsessão. Sinônimo de saúde e autocontrole, o ideal de magreza criou em seu espelho a imagem do "doente" e "descontrolado": o obeso. No entanto, a magreza levada às últimas consequências fez aumentar o número de pessoas com distúrbios relacionados à alimentação: a bulimia e a anorexia, dois males contemporâneos. Sem dúvida, boa parte da responsabilidade por isso cabe à indústria da moda que divulga seus produtos "glamorosos" em modelos "magras como cabides".[6] Devemos lembrar que muitos países já se posicionaram contrários à exposição de modelos excessivamente magras, defendendo uma reavaliação do *padrão de beleza*. Preocupada com questões de saúde pública, a Espanha, por exemplo, proibiu recentemente a fabricação de roupas para adolescentes em medidas muito pequenas, além de rejeitar modelos muito magras em suas passarelas. Essa não é uma iniciativa isolada. Em diversos outros países europeus, muitos círculos já questionam a "beleza da magreza".

A constante preocupação com a aparência, da forma exacerbada como ocorre no século XXI, gera em determinados meios um tipo de intolerância àquele que está fora dos padrões. Um desdobramento disso é que quem não segue a moda (uma indústria que movimenta bilhões de dólares todos os anos) passa a ser considerado "feio". E quem não é "belo" dentro dos padrões vigentes muitas vezes é visto como "doente".

Hábitos alimentares

O ato de comer e os costumes e posturas à mesa que envolve também são históricos. Nem sempre se comeu à frente da televisão e, quando à mesa, nem sempre se comeu com talheres. Até o século XVIII, os talheres eram exclusividade da nobreza e, com exceção da faca, eram usados apenas em ocasiões especiais.

Em diversos países, mesmo nos dias atuais, comer com as mãos é totalmente aceitável e praticado diariamente. O uso doméstico dos talheres torna-se sinal de civilização a partir da Revolução Industrial e da ascensão da burguesia que assim convencionou.

Com informações como essas, devidamente contextualizadas, o estudante poderá dar-se conta da origem histórica de determinadas práticas cotidianas vinculadas ao consumo. Poderá, por exemplo, compreender fenômenos sociais como o apelo de marcas famosas ou a sedução da alimentação *fast food*.

Um outro exercício interessante é relacionar seus hábitos de consumo do presente – em termos de vestuário ou alimentação, músicas/danças ou esportes – com fatos históricos. Qual sua origem? Em quais redes de interesses estariam envolvidos? (Por exemplo, a compra de um tênis feito na China pode estar relacionada à exploração do trabalho infantil, ou o lucro de empresas que vendem uma ideia de saúde, sucesso e bem-estar associada à sua marca.)

Transfigurações corporais

A temática do corpo pode ser vista com desconfiança por parte de professores mais conservadores, acostumados aos recortes tradicionais. Alguns chegam a desqualificar a História do Corpo, considerando-a "menos importante por não tratar de economia ou política". Já vimos anteriormente que isso não é verdade e que ela, sim, trata desses temas, também. De fato, a perspectiva da História do Corpo problematiza as questões econômico-políticas juntamente com as relativas aos valores e costumes. Ao falar da Idade Média, por exemplo, não falará especificamente do rei nem do trabalhador rural, mas tratará provavelmente do tipo de roupas usadas na época, da alimentação nos diferentes grupos sociais, dos instrumentos de trabalho manipulados pelos servos, das formas de amar e de se cuidar praticadas no período – tudo isso, entretanto, evidencia as relações de poder estabelecidas. Ao estudar os tecidos da época, os teares manuais ou as tramas mais comuns das roupas da realeza, a História do Corpo lida com questões como a estratificação social na Idade Média, as possibilidades do comércio (por exemplo, as expedições pelo planeta em busca de tonalidades diferentes de azul ou de vermelho), o trabalho dos alquimistas e o das tecelãs, a diferenciação de mulheres e homens identificada pelas roupas. Além disso, os pudores, a sedução e a sexualidade feminina serão revelados pelos decotes insinuantes.

Essa reflexão pode remeter também aos porquês do uso de determinadas roupas no dias atuais e a sua relação com o tempo passado.

O corpo nas aulas de História

Em sala de aula, o professor poderá eleger qualquer assunto pertencente à grade curricular ligado à *longa duração* e trabalhá-lo a partir do tema corpo, os discursos e as práticas que o envolvem.

Aqui, neste texto, foram dados alguns exemplos que partiram de questões do presente e buscaram respostas no passado. Falamos de Medicina, Genética, racismo, consumo e moda. Vários outros recortes que remetem ao tema corpo na história são possíveis para os professores que não têm medo de assumir um papel relevante na formação dos jovens brasileiros. As preocupações da História do Corpo podem renovar as aulas de História; a novidade não estaria só no estudo do tema – por si só algo já bem atraente –, mas também na própria abordagem, uma nova forma de ver e ensinar História.

Sugestões bibliográficas

- Denise Bernuzzi Sant'Anna (org.), *Políticas do corpo*, São Paulo, Estação Liberdade, 1995.
  Este livro é uma coletânea de artigos produzidos por pesquisadores – na maioria franceses – sobre a temática do corpo. É o primeiro do gênero publicado no Brasil. Ele contribui para um entendimento geral dos possíveis temas e trabalhos que podem ser desenvolvidos na área da História do Corpo e que resultam em inúmeras reflexões relevantes para a historiografia contemporânea.

- Georges Vigarello, *História da beleza: o corpo e as artes de se embelezar. Do Renascimento aos dias de hoje*, Rio de Janeiro, Ediouro, 2006.
  Pioneiro na História do Corpo, Georges Vigarello descreve, através das práticas correcionais, dos gestos e das palavras, a valorização da estética e a definição dos gostos ao longo da história. O ideal de beleza, para Vigarello, sempre mostrou oposições entre grupos, gêneros e gerações. Seu livro vai do Renascimento, quando a forma humana passa a ser valorizada, ao século XX, quando o corpo se tornou um objeto de consumo e manipulação cosmética.

- Michel Foucault, *A história da sexualidade: vontade de saber*, Rio de Janeiro, Graal, 2001, v. 1.
  Michel Foucault é uma das leituras obrigatórias para quem quer conhecer melhor a História do Corpo. Apesar de sua formação estar na Filosofia, seu modo de escrever utiliza tantas referências históricas que sua contribuição tornou-se fundamental para a historiografia do corpo. Este pequeno volume, especificamente, traz capítulos que mostram como a manifestação da sexualidade não foi calada pela sociedade capitalista,

mas "disciplinada" e canalizada através de diversas instituições sociais tais como a Igreja, a família e a Medicina.

- Jean-Jacques Courtine, Georges Vigarello e Alain Courbin (orgs.), *História do Corpo*, Rio de Janeiro, Editora Vozes, 2008, v. 1, 2 e 3.
A História do Corpo produziu tantas reflexões que já possui sua própria história. Na França, três dos mais importantes nomes desta linha de pesquisa organizaram três volumes que traçam um panorama cronológico com estudos sobre o tema. O primeiro volume, "Da Renascença às Luzes", pensa o corpo do ponto de vista religioso e de suas representações artísticas, além dos conhecimentos científicos, médicos e populares que contribuíram para o nascimento da ciência moderna. O segundo volume, "Da Revolução à Primeira Guerra", aborda os aspectos ligados à sexualidade humana, como a homossexualidade, o onanismo e o imaginário erótico. Trata também, como contraponto, dos trabalhos de Freud e da repressão da sexualidade com as ameaças das doenças venéreas, da degeneração e da morte. "As mutações do olhar. O século xx", último volume da coleção, aborda as mudanças do olhar em relação ao corpo, seus usos e representações, além das dicotomias "normal"/"anormal", "saudável"/"doente". Descreve ainda a *medicalização da sociedade* e a *especialização dos saberes* sobre o corpo. Trata também da *espetacularização*, do *culto* e dos *medos* que envolvem o corpo.

- Pietra Diwan, *Raça pura: uma história da eugenia no Brasil e no mundo*, São Paulo, Contexto, 2007.
Narra a busca da suposta perfeição corporal, da evolução a cada geração, da padronização da beleza que levou cientistas e nações a atitudes extremadas. Conta como a eugenia, com *status* de disciplina científica, pretendeu implantar um método de seleção humana com base em critérios racistas. Fala também da rede de relações estabelecida na empreitada, seus adeptos e financiadores e suas consequências históricas.

Sugestões de filmes

- *O Homem-elefante* (The elephant man, dir. David Lynch, Estados Unidos/Inglaterra, 1980)
O filme foi baseado na história verídica de John Merrick (interpretado por John Hurt), um inglês nascido com uma doença congênita que deixou

Novos temas nas aulas de História

seu rosto desfigurado e por esse motivo era atração num circo londrino no final do século XIX. Um médico convencido de sua "humanidade" tenta recuperar a dignidade do homem que tinha sido transformado num espetáculo monstruoso para a sociedade da época. Num hospital, Merrick passa de monstro a doente: uma mudança de olhar e dos valores sobre o corpo muito marcante na passagem do século XIX para o século XX.

Como trabalhar:
Apesar de feito na década de 1980, em preto e branco, o filme é ambientado na Inglaterra do século XIX. É um ótimo instrumento de trabalho para relacionar a Inglaterra industrial do século XIX e as novas posturas em relação à saúde e aos códigos médicos que surgem no período. A maior parte dos países ocidentais viveu essa transformação, inclusive o Brasil. As condições de insalubridade, as epidemias decorrentes e a deficiência física vista não mais como monstruosidade, mas como uma questão médica, são pontos de partida para se discutir também a urbanização das cidades, as novas regras de higiene e as campanhas de vacinação.

- *O diabo veste Prada* (The devil wears Prada, dir. David Frankel, Estados Unidos, 2006)
No mundo da moda, a aparência é tudo. Ambientado numa redação de revista de moda nova-iorquina de nível internacional, o filme mostra a ascensão de uma jornalista talentosa – precisando de trabalho –, do cargo de assistente a braço-direito da poderosa editora-chefe da revista, esta interpretada por Meryl Streep. Durante esse processo, a mudança de aparência da jornalista mostra tanto o *glamour* quanto a crueldade que envolve o mundo *fashion*. Um impasse se apresenta à jovem jornalista: seguir na revista com as imposições e vantagens que a área possui ou buscar uma posição como jornalista, sua real profissão.

Como trabalhar:
Sob o viés da valorização da aparência e da mulher no mundo do trabalho, o professor poderá trazer à tona o debate sobre a indústria da moda, o consumo, o acesso aos bens de consumo, relacionando-o com o lugar reservado e desempenhado pela mulher ao longo da história. O debate de gênero fará o aluno refletir também sobre a diferença dos papéis masculino e feminino e a ascensão social da mulher no mundo dos negócios, sem que isso signifique necessariamente a mudança de antigos preconceitos.

- *Pequena Miss Sunshine* (Little miss sunshine, dir. Jonathan Dayton e Valerie Faris, Estados Unidos, 2006)
O sonho de Olive, uma menina de 7 anos do interior norte-americano, é ser *miss* Sunshine, num concurso de beleza na Califórnia. Sua família, fracassada e falida, em que cada qual vive seu drama pessoal, resolve se

PIETRA DIWAN

envolver na aventura de atravessar o país para levar a menina ao concurso. Para além das caracterizações individuais, o papel da menina merece destaque. Ao se apresentar no concurso, fica evidente que há um padrão de beleza e de comportamento social ao qual ela não se enquadra. O filme acaba sendo uma crítica implícita a esse padrão.

Como trabalhar:
Questionar os padrões de beleza da atualidade e a sexualização infantil precoce através do consumo de produtos e valores que fazem do público infantil uma caricatura dos adultos. Além disso, será possível questionar a ideia de infância, do ponto de vista histórico, contrapondo brincadeiras antigas com atuais. O papel da família na educação infantil merece destaque.

* *Filadélfia* (Philadelphia, dir. Jonathan Demme, Estados Unidos, 1993)
A aids surgiu para o público na década de 1980 como uma doença fatal, diretamente relacionada ao homossexualismo e à promiscuidade sexual. Andrew Beckett (na interpretação memorável de Tom Hanks) é um advogado gay que contrai aids e, após ser demitido por isso, resolve lutar na justiça norte-americana pelo direito ao trabalho, acusando seu chefe de ser homofóbico. O filme relata este processo correndo paralelamente ao agravamento da doença.

Como trabalhar:
Problematizar o tema polêmico: a homossexualidade. Nesse caso, explicando que a aids, como doença grave e fatal, obrigou a sociedade a encarar o comportamento sexual como um fenômeno social e individual, a partir de meados da década de 1980, período histórico importante na luta das minorias sociais. O importante será fazer um retrospecto histórico mostrando como a homossexualidade esteve presente em toda a história da humanidade, desde as sociedades antigas (Grécia e Roma, por exemplo) até o século XIX, quando se tornou sinônimo de degeneração e doença. Mostrar as linguagens e os discursos sobre o preconceito em relação ao tema, inclusive no Brasil, e as mudanças de valores que podem ser verificadas nos dias de hoje.

Notas

[1] Michel Foucault, História da sexualidade: a vontade de saber, Rio de Janeiro, Graal, 2001, v. 1, p. 132.

[2] Denise Bernuzzi de Sant'Anna, La recherche de la beauté: une contribution à l'histoire des pratiques et des représentations de l'embellissement féminin au Brésil – 1900 à 1980. Paris, 1994, Universidade de Paris VII, sob orientação de Michelle Perrot.

NOVOS TEMAS NAS AULAS DE HISTÓRIA

[3] Para conhecer mais o trabalho da autora, cf. Margareth Rago, Os prazeres da noite: prostituição e códigos da sexualidade feminina em São Paulo, São Paulo, Paz e Terra, 1991; e M. Rago, L. L. Orlandi e Alfredo Veiga-Neto, Imagens de Foucault e Deleuze, São Paulo, DP&A, 2005.

[4] Naomi Klein, Sem logo: a tirania das marcas em um planeta vendido, São Paulo, Record, 2002.

[5] Georges Vigarello, A história da beleza, Rio de Janeiro, Ediouro, 2006.

[6] Num rápido parênteses: a edição de 2008 do São Paulo Fashion Week (verão, 2009) mostrou modelos emburradas que mais pareciam corpos desfalecidos se arrastando pela passarela em maiôs e biquínis.

História Regional

Marcos Lobato Martins

Até o século XVIII, no mundo inteiro as regiões constituíam "países", no sentido de que elas eram não apenas a unidade apropriada para o estudo das sociedades, mas porque elas eram, de fato, os habitats dos homens e mulheres pré-modernos. Para a quase totalidade das populações comuns da Antiguidade, da Idade Média e da Idade Moderna – que trabalhavam, comiam e dormiam, procuravam cônjuges e geravam filhos, elaboravam saberes variados e realizavam festas e ritos numerosos –, a faina diária transcorria em limites espaciais estreitos, no interior de círculos cujos raios alcançavam a pequena distância percorrida em um ou dois dias de marcha a pé ou a cavalo.

Assim, os reinos, impérios e países pré-modernos eram justaposições de regiões que conservavam alto grau de autonomia econômica, social e cultural. Cada uma das regiões era dotada de hábitos e costumes específicos, possuía suas próprias normas de convívio e formas de hierarquia social, empregava técnicas e instrumentos diversos. Cada região pouco sabia do que se passava na outra. Material e ideologicamente, a identidade dos homens dessas sociedades prémodernas se assentava no conjunto de aldeias e de regiões onde desenrolavam suas limitadas experiências. A centralidade do "local" e do "regional" é exemplo, portanto, de uma estrutura que moldou a vida social por milênios, seja no Egito faraônico ou na França dos Bourbon.

Todavia, a partir dos séculos xv e xvi, as barreiras espaciais começaram a ser progressivamente destruídas, promovendo o desencravamento de muitas regiões. A irradiação planetária do domínio europeu fez surgir a "verdadeira história universal" e colocou as escalas nacional e internacional no topo das preocupações dos historiadores. A expansão da modernidade, do Estado, do capitalismo e das filosofias universalistas (típicas do Renascimento e do Iluminismo) tentou pôr fim às singularidades e autonomias das antigas regiões. O ataque à independência da fortaleza regional é o trabalho contínuo da modernidade.

O regional e o global na modernidade

O deslocamento da posição destacada que as regiões ocupavam na vida das pessoas está associado ao desenvolvimento da economia global. Entre os séculos xv e xvii, as grandes navegações e o sistema colonial conectaram organicamente a Europa, a América e o litoral africano, ao mesmo tempo em que ampliaram os intercâmbios comerciais com a Ásia. A expansão da economia de mercado no continente europeu foi suficiente para gerar forças unificadoras/integradoras no seu interior. Vastas redes de comerciantes surgiram para distribuir os grandes carregamentos vindos da América e da Ásia. Grandes companhias de comércio e financistas começaram a atuar em toda a Europa e nas colônias ultramarinas. Dessa forma, processos de abertura e assimilação de novas influências (hábitos, gostos, técnicas, ideias, valores) aproximaram e aplainaram as diferenças regionais.

Outro vetor que contribuiu decisivamente para esmaecer o colorido intenso dos mosaicos regionais foi a constituição/consolidação do Estado moderno. Desde o final da Idade Média, um processo histórico complexo logrou a eliminação de centenas de casas principescas, que cederam lugar a algumas dezenas de Estados. As trajetórias dos Estados modernos alimentaram impulsos homogeneizadores. Afinal, no plano interno, essas novas formas de dominação combateram sem trégua os particularismos e buscaram alcançar a condição de lugar principal ao redor do qual se organizam as identidades e as lealdades individuais e coletivas. O Estado moderno investiu no "nacional" em detrimento do grupo de parentesco, da comunidade local e da organização religiosa. A batalha do Estado contra os regionalismos alcançou o ápice com o nacionalismo político dos séculos XIX e XX. Lançando mão de um trabalho sobre a memória, a partir da manipulação de referenciais e símbolos históricos, o Estado moderno forjou a ideia de "nação" e, por conseguinte, alcançou significativa uniformidade dos comportamentos das pessoas no interior de seus territórios.[1] Assim, por exemplo, o Estado criou bandeira, hinos, festas cívicas, moedas com efígies de heróis e governantes, animais e monumentos característicos do país e, sobretudo, difundiu uma História e um idioma oficiais ensinados com diligência numa rede crescente de escolas fundamentais públicas. Com estes e diversos outros recursos, o Estado moderno tornou mais uniformes os hábitos, costumes, valores, crenças e ideias de seus habitantes, independentemente das regiões de onde eles provinham.

Um terceiro vetor que concorreu para dissolver a importância do "regional" e do "local" como foco da vida dos grupos e indivíduos foi o iluminismo, movimento intelectual do século XVIII. As novas ideias iluministas apostaram firmemente na uniformização das sociedades, como resultante da marcha da história sob a égide do progresso material, científico e moral da humanidade. Para os iluministas, todos os povos e todas as partes da Terra, num futuro não muito longínquo e a despeito das especificidades sociais e das crises históricas, convergiriam para padrões muito similares de instituições econômicas, políticas e culturais. No decurso do século XIX, tanto os pensadores europeus conservadores quanto os de esquerda acreditavam que as diferenças entre os povos e as regiões diminuiriam continuamente. Todos os espaços do mapa ficariam preenchidos com indústrias, cidades, campos de energia, minas sob a terra, redes de estradas, meios de comunicação, monumentos grandiosos e invenções maravilhosas. No século XX, a corrente principal dos marxistas acreditou que a modernização capitalista de tipo anglo-saxão abarcaria todo o planeta, porque corresponderia a uma transformação histórica não só inevitável como iminente. Para esses marxistas, as diferenças culturais seriam manifestações superficiais de forças econômicas, que desapareceriam ou encolheriam até a insignificância, por causa do avanço do conhecimento e da tecnologia.[2]

Entretanto, aos observadores atentos da história do último quartel do século xx e dos acontecimentos do início do terceiro milênio, fica claro que o planeta não caminha no sentido de ser libertado das originalidades regionais e locais. É verdade que a globalização afeta cada quilômetro quadrado da superfície terrestre, aumentando a pressão sobre as culturas tradicionais e sobre as regiões. A compressão do espaço-tempo que a globalização produz tem o efeito de tornar cada canto do mundo muito parecido com os demais, porque difunde os mesmos valores e comportamentos, torna as comunicações instantâneas, dá visibilidade a um conjunto restrito de marcas, sons e imagens, induzindo em milhões de pessoas um "ecletismo de gosto".[3] Mas também é verdade que ela faz isso de maneira desigual. Os impactos da globalização não desencadeiam processos iguais no Brasil e na China, no interior mineiro ou na metrópole paulista. Enfim, o regional continua importante.

A renovada importância do regional

O desenvolvimento do capitalismo provoca transformações. Ao se expandir, o capitalismo encontra espaços com peculiaridades sociais, políticas e culturais diante das quais precisa adaptar-se para lograr sua implantação. Flexível, o capitalismo assume, por conseguinte, colorações diversas sobre a superfície do planeta, conservando e/ou dando novos significados a certos aspectos das culturas e dos espaços nacionais, regionais e locais. Assim, o capitalismo japonês não é inteiramente igual ao capitalismo norte-americano, nem este coincide perfeitamente com o capitalismo francês. Essas diferenças se manifestam tanto na cultura e nas instituições quanto no espaço. Uma dialética complexa de uniformização *versus* diferenciação é a marca da globalização capitalista. De modo mais preciso, há homo-

MARCOS LOBATO MARTINS

geneização do espaço capitalista, mas ela ocorre no interior e através da reorganização dos espaços regionais.

O que se observa é, portanto, a resistência do "regional" e do "local", porque certas diferenças não desaparecem. Mais do que isso: as pessoas e os grupos sociais, submetidos às tensões da "sociedade global" – os riscos ecológicos, o medo (do desemprego, do terrorismo, da competição), o individualismo exagerado, as frustrações do consumismo etc. –, experimentam uma "perda de direção". Questionam a realidade, refletem sobre a "perda de história", reexaminam suas experiências de vida. Enfim, são assaltadas pela inquietação relativa à identidade. A globalização, ao deslocar antigas certezas e filiações, exige que os indivíduos e as nações repensem suas identidades.

Neste momento, reaparecem as regiões, de mãos dadas com a revalorização da memória. Ao olharem ao redor, as pessoas buscam encontrar elementos de continuidade, alguma quantidade de símbolos de permanência, certo legado do passado. Sem essas referências, tudo se torna insuportavelmente fugidio, transitório, sem sentido. O "lugar" e a "região" respondem a demandas individuais e coletivas por segurança, continuidade histórica e pertencimento a algum tipo de comunidade de destino. Para novamente se sentirem sujeitos, as pessoas querem "voltar a viver em lugares", entendidos como espaços concretos tecidos por relações sociais que conformam cotidianamente suas experiências individuais.[4] Principalmente nas grandes metrópoles, justamente os pontos mais afetados pelo vetor da homogeneização capitalista, mais e mais gente busca especificidades, algo que seja querido, práticas e "cantinhos" que sejam seus, de seus vizinhos e amigos, experiências pessoais e comunitárias para rememorar e criar identidades. Almejam conhecer e reconhecer o espaço onde vivem, pertencer a ele e apropriar-se dele, na medida exata em que participam das redes de significados e sentidos que a vida ali gera, no decurso da história. Mais e mais pessoas querem ver a cidade ou o campo como espaço para realizar sua vida interior, na moldura de uma paisagem multifacetada, rica e diversa, que é muito mais do que simples terreno dominado por mercadorias e fluxos organizados pelo relógio e pela ânsia de lucro.

Como decorrência desse desejo, as diferenças entre as regiões e as especificidades dos lugares afloram, investidas de novas significações. Os vestígios do passado, as ruínas, os monumentos, os museus, recebem atenção especial. Crescem as exigências por novas narrativas e interpretações da história local e regional. Para os que lidam com a História, e aqui me dirijo especialmente aos professores, cabe a tarefa difícil de ajudar as pessoas a enxergarem que a marca do avanço do capitalismo pelo planeta é a sua enorme plasticidade. O capitalismo cresce em muitas variedades, porque se ajusta às crenças religiosas, relações familiares, fisionomias geográficas e tradições nacionais, regionais e locais nas quais se incorpora. Logo, as regiões não desaparecerão, embora o seu destino seja o de nunca mais desfrutar da grande autonomia que tiveram nos tempos pré-modernos.

Essa tendência de as pessoas buscarem raízes, fontes de identidade e segurança psicológica, mobilizando elementos do espaço sóciohistórico, aumenta a responsabilidade dos profissionais da História, ao mesmo tempo em que estimula a produção de estudos históricos regionais e locais e valoriza a abordagem regional em sala de aula.

Os estudos regionais na historiografia brasileira

Vale a pena passar em revista a trajetória dos estudos históricos regionais no país, ainda que seja para mostrar o que não convém mais fazer nesse campo hoje. E também para indicar algumas diretrizes que devem nortear o trabalho (no ensino e na pesquisa) daqueles que se interessam pela história regional.

Durante o século xix e boa parte do século xx, os estudos de História Regional foram feitos sob a poderosa influência do Instituto Histórico e Geográfico do Brasil (IHGB) e de seus congêneres provinciais/estaduais. Nesse período, viveu-se o auge das corografias, escritas quase sempre por membros dos institutos históricos, pessoas bem situadas nas hierarquias sociais e políticas de suas épocas. As corografias eram monografias municipais e regionais, que misturavam história, tradição e memória coletiva. Esses trabalhos tomavam como fundamento espaços bem recortados politicamente, que eram estudados em si mesmos. O relacionamento do "nacional" com o "regional" e o "local" era reduzido à descrição de impactos de grandes acontecimentos da história do país nos espaços subnacionais. A narrativa, a seleção e o encadeamento dos fatos, a referência recorrente a determinados tipos de personagens, tudo isso objetivava mostrar que a região é o resultado do protagonismo de figuras extraordinárias. Muitas vezes, os corógrafos tenderam a considerar as regiões e seus povos como dotados de características definidas e perenes, configurando um contexto histórico imutável.

As corografias alcançaram padrão formal estereotipado. Traziam descrições fisiográficas das regiões, exposições da fauna e da flora, inventários dos recursos naturais. Em seguida, havia relatos das atividades econômicas; por último, os autores das corografias elaboravam efemérides e pequenas biografias de pessoas destacadas da história regional ou local. Para redigir as corografias, os autores fiavam-se, acriticamente, nas informações orais obtidas de "testemunhas" de episódios do passado ou originárias da tradição coletiva e/ou dos grupos familiares.

O conjunto de corografias do período mencionado possuía defeitos graves. O primeiro deles é a frágil ou inexistente articulação entre geografia e história; outro era o modo como elas relacionavam as dimensões "micro" e "macroespaciais". Um terceiro defeito era o viés laudatório das narrativas, antes de tudo exercício de exaltação dos feitos das elites regionais e locais. Por último, cite-se o fato de que as corografias eram concebidas como instrumentos para fazer despertar o amor ao passado e o patriotismo.

Apesar de suas evidentes limitações, as corografias forneceram, até pelo menos a década de 1960, os moldes e os elementos informativos para a elaboração de material didático usado nas escolas das localidades e regiões brasileiras, quando não foram, elas próprias, os textos de consulta direta das crianças nas aulas sobre história local e regional.

Nas décadas de 1960 e 1970, quando o grosso da produção historiográfica brasileira já ocorria no âmbito da universidade, assistiu-se ao embaralhamento do nacional e do regional. A Universidade de São Paulo (USP) lançou uma torrente de pesquisas históricas, atualizadas e rigorosas (dos pontos de vista teórico e metodológico), abordando principalmente aspectos da história paulista. A hegemonia econômica e acadêmica de São Paulo possibilitou a identificação de sua história com a história do Brasil mais recente. Ainda hoje, nos livros didáticos empregados nos ensinos fundamental e médio, a trajetória republicana brasileira é examinada à luz do "modelo paulista". São Paulo torna-se o Brasil quando o assunto é café, imigração, industrialização, trabalho e conflito social urbano, movimentos sindicais e populares, vida metropolitana, vanguardas artísticas etc.[5] Se São Paulo assumia toda e qualquer positividade contida na ideia do Brasil moderno, urbano e industrial, nas outras partes do país frequentemente os estudos regionais adotaram uma perspectiva da negatividade, da falta, da carência deste ou daquele elemento que marcaria a distância em relação ao êxito paulista. O "espelho São Paulo" era o instrumento por meio do qual as diversas regiões brasileiras deveriam buscar a autocompreensão e a ação transformadora.

A partir da década de 1980, o pleno funcionamento de cursos de pós-graduação fora de São Paulo permitiu corrigir as distorções resultantes da generalização, para todo Brasil, da trajetória paulista e alimentou nova onda de estudos regionais, assentada em bases mais adequadas do que as antigas corografias. No interior dos programas de pós-graduação em História, os estudantes ampliaram o trabalho com temas e acervos documentais regionais, preocupando-se com a construção de bancos de dados variados e com a "história ao microscópio", conforme a conhecida expressão de Pierre Goubert, historiador francês, autor de obras clássicas sobre a demografia, a economia, a sociedade e a cultura de antigas regiões da França.[6] Desenvolveu-se, portanto, nas novas gerações de historiadores brasileiros o apreço pelas conexões intrincadas e oblíquas entre o regional, o local e o nacional, em que o elemento espacial ganha relevância, ombreando-se ao tempo.

Região: uma categoria histórica

Está na hora de caracterizar melhor o que é a *História Regional.* Não se trata simplesmente da História que lida com pequenas porções de um país: uma área determinada pela geografia física (por

MARCOS LOBATO MARTINS

exemplo, a Amazônia ou o semiárido), um estado ou um município. História Regional é aquela que toma o espaço como terreno de
estudo, que enxerga as dinâmicas históricas *no* espaço e *através* do
espaço, obrigando o historiador a lidar com os processos de diferenciação de áreas. A História Regional é a que vê o lugar, a região e o
território como a natureza da sociedade e da história, e não apenas
como o palco imóvel onde a vida acontece. Ela é História Econômica, Social, Demográfica, Cultural, Política etc., referida ao conceito
chave de *região*. Os temas e os problemas da História Regional são
os mesmos da História, sem tirar nem pôr. Na verdade, a História
Regional constitui uma *abordagem* específica, uma proposta de estudo da experiência de grupos sociais historicamente vinculados a
uma base territorial. Os "historiadores regionalistas" trabalham com
regiões e localidades não porque afirmam a dicotomia entre o geral e
o particular. Fazem isso porque questionam e criticam as narrativas
e interpretações históricas dominantes e as crônicas triunfalistas do
progresso, seus pressupostos e implicações político-identitárias.

Existe uma longa, complexa e muito interessante discussão na
Geografia sobre o conceito de região, que os profissionais da História
devem conhecer.[7] Desse debate, algumas evidências destacam-se. Em
primeiro lugar, a região – um determinado recorte da superfície terrestre – é espaço natural, político, técnico e cultural. Em segundo lugar, para pensar a região é necessário ultrapassar o puro dado material,
a paisagem natural, na direção do espaço vivido. Por si sós, relevo, clima, vegetação, hidrografia e ecossistemas não são suficientes para definir uma região, porque é preciso saber como seus habitantes se veem,
estabelecem relações entre si e com os "forasteiros", quais sentimentos
nutrem pelo espaço que historicamente ocuparam e construíram. Em
terceiro lugar, a região precisa ser vista como totalidade aberta e em
movimento, atravessada por fluxos de energia, matérias (como água,
sedimentos, partículas trazidas pelos ventos, resíduos de atividades
humanas etc.), bens, ideias, interesses, poderes, seres vivos. O recorte
regional deve ser pensado de forma dinâmica, sem perder de vista a
existência de processos que implicam no contínuo reajustamento das
"fronteiras". Em quarto lugar, o recorte da região precisa levar em

NOVOS TEMAS NAS AULAS DE HISTÓRIA

conta a totalidade do espaço segmentado e definir o nível em que se fracionará o espaço (o problema da escala), bem como as variáveis que presidirão o fracionamento do espaço. Por exemplo, há estudos que requerem que o Brasil seja dividido de acordo com critérios político-administrativos: capitanias, províncias, estados, comarcas. Outros exigem a adoção de recortes baseados em critérios econômicos: zona açucareira nordestina, área da mineração aurífera e diamantífera, zona da pecuária gaúcha etc. E existem muitas outras possibilidades.

Para os profissionais da História, o importante é que o procedimento de regionalização não produza anacronismo. Para pensar e regionalizar o espaço construído por sociedades do passado, é preciso levar a sério a historicidade das formações espaciais. Devem ser reunidos dados coetâneos, isto é, "de época", sobre a produção/percepção do espaço, que foram gerados pelas pessoas componentes da sociedade que se quer investigar e/ou por visitantes que a conheceram bem (diplomatas, missionários, mercadores, viajantes etc.). Os possíveis recortes – que muito provavelmente serão diferentes das regiões administrativas, de planejamento ou econômicas de hoje, empregadas pelos técnicos governamentais – não devem ter a pretensão de alcançar elevada precisão e limites rígidos. Certa dose de flexibilidade na regionalização é necessária, em razão do fato de que o historiador frequentemente lida com fontes lacunares, imprecisas e com bases de dados pouco sistemáticas. Dessa forma, os profissionais da História precisam abandonar o apego aos recortes oficiais, baseados numa territorialidade meramente política (estados, mesorregiões, municípios). Mais do que linhas num mapa político ou características fisiográficas, são as redes de relações sociais e alguma forma de consciência de pertencimento que indicam a existência dinâmica das regiões.

As regiões e os lugares são tensionados pelo embate entre o *tempo do mundo* e o *tempo dos lugares*, segundo a formulação de Fernand Braudel.[8] O tempo do mundo remete à noção de um tempo uniforme, comum a todos os espaços. É o tempo da modernidade, imposto às regiões e aos lugares a partir dos "centros irradiadores" da história global, que coloca em sincronia as áreas plenamente inseridas no movimento de expansão do capitalismo. Para Braudel, o tempo do mundo repercute nos espaços marginais, porém não se realiza neles em toda a sua potencialidade. Já o tempo dos lugares se refere ao tempo realmente vivido pelas inúmeras localidades, um tempo específico, relacionado a experiências distintas às dos polos hegemônicos num mesmo momento histórico. A noção de tempo dos lugares indica que, na história, sempre há muitos tempos sociais que convivem na realidade do mundo e do país. Compreender esse jogo intrincado de tempo do mundo e tempo dos lugares, numa determinada base territorial, é a tarefa do "historiador regionalista".

A História Regional na sala de aula

Convém insistir: no mundo globalizado, a forma do local e do regional fazerem face ao global é através da revalorização de sua cultura e de seu ambiente. Esse fato transforma a História Regional e Local num artigo de primeira necessidade. Por outro lado, no campo da historiografia, a História Regional e Local tem incentivado a busca de explicação das sociedades nas suas múltiplas determinações e complexidades e tem proporcionado ocasião para testar generalizações da História Geral, por meio da redução da escala das investigações. Goubert assinalou ainda que a prática meticulosa da História Regional e Local, mais do que destruir concepções gerais equivocadas, porém arraigadas em tantos livros didáticos e discursos, tem a virtude de descobrir novos problemas e hipóteses.[9] Tudo isso justifica que a História Regional e Local adentre as salas de aula em todos os níveis de ensino, mesmo que os Parâmetros Curriculares Nacionais (PCNs) privilegiem o estudo histórico das localidades (bairros, cidades, municípios) e das regiões (estados) nas séries iniciais do ensino fundamental.

Não se trata de tarefa fácil. Os professores de História estão sabidamente sobrecarregados e enfrentam, frequentemente, condições de trabalho adversas nas escolas brasileiras. Na maioria dos municípios e estados são raros os estudos históricos de boa qualidade sobre aspectos das trajetórias locais e regionais. Quando existem, há dificuldades para acessá-los. Mas os professores não podem desanimar. Precisam ampliar suas leituras, prestar mais atenção às especificidades locais e regionais, visitar museus e arquivos existentes nas áreas onde residem, acumular informações diversas sobre suas localidades, municípios, regiões e estados, procurar saber o que se está pesquisando nas universidades mais próximas. Sem dúvida, é mais trabalho. Todavia, esse trabalho não tem que ser realizado de uma só vez. Os professores de História, para levar às salas de aula a História Regional e Local, terão que virar *pesquisadores*. Ensino e pesquisa, teoria e prática terão que ser definitivamente associados, respeitando-se, é claro, as situações concretas vividas pelos profissionais da História. O que não se poderá fazer é ficar de braços cruzados, à espera de que alguma universidade ou algum pesquisador consagrado produza material didático suficiente para atender as demandas dos professores espalhados pelo Brasil, país tão grande quanto multifacetado.

A seguir, algumas sugestões são apresentadas com o objetivo de estimular o trabalho com a história regional e local em nossas escolas.

Análise de corografias, memórias e sites

Em praticamente cada município e estado brasileiros pode ser encontrado certo número de textos memorialísticos ou corográficos, escritos geralmente nos séculos xix e xx. O professor pode selecionar esses textos e submetê-los aos seus estudantes, no todo ou parcialmente. A partir de um roteiro mais aberto de leitura, promover na sala de aula discussão sobre objetivos e procedimentos utilizados pelos autores das memórias e corografias, incluindo os critérios para seleção dos fatos narrados, as características das interpretações propostas (por exemplo, o papel da natureza e dos líderes na história), as representações contidas nesses textos sobre os lugares e as regiões abordados, as características das populações, das relações sociais e das práticas culturais assinaladas pelos autores. O professor pode chamar a atenção dos estudantes para as fontes empregadas na elaboração das memórias e corografias, falar sobre seus vieses e limitações, bem como desafiar os estudantes a indicar coisas (fatos, pessoas, grupos sociais e processos) que são deixadas de fora dos referidos textos. E convidar a turma a pensar sobre as implicações desses "ocultamentos" na compreensão do passado da região ou do lugar.

Trabalho similar pode ser realizado com os sites de prefeituras, governos estaduais e organizações civis, colocando-se o foco da análise sobre os conteúdos relacionados ao modo como eles apresentam a história, o patrimônio cultural e os "atrativos turísticos" que os municípios e os estados possuem.

Crítica dos textos da "Macro-História"

Nas cidades e nos estados onde há acúmulo de estudos históricos modernos, acessíveis graças ao maior dinamismo do mercado editorial, o professor pode empregá-los para pedir aos estudantes que critiquem as informações e interpretações presentes nos livros didáticos e obras de síntese de História do Brasil disponíveis na biblioteca escolar. Mais precisamente, os estudantes poderão ser colocados para verificar incongruências entre os livros didáticos e os resultados das pesquisas históricas recentes, guiados pelo professor. Estabelecer quadros comparativos entre as imagens da região que resultam da leitura dos livros didáticos, das obras de síntese e das pesquisas recentes.

Na mesma linha, outra atividade que o professor poderá propor para os estudantes é identificar e analisar os conjuntos imagéticos que as pessoas escolarizadas da região, os políticos, artistas, intelectuais e jornalistas, que são "formadores de opinião" possuem, seja por meio da leitura e interpretação dos textos, das obras artísticas e dos discursos dessas pessoas, seja entrevistando-as. Ao lidar com as representações sobre a região presentes nas falas desses "formadores de opinião", os estudantes serão desafiados a pensar sobre as origens delas e suas possíveis relações com o que está nos livros de História. Com sorte, os estudantes poderão identificar alguns equívocos e generalizações indevidas sobre o Brasil e sua região ao fazerem esse tipo de trabalho com os resultados da pesquisa mais recente. Além disso, esse trabalho tem a vantagem de mostrar que a escrita da História muda, possibilitando discutir as razões e as consequências político-culturais desse fenômeno.

Observação direta de sobrevivências e permanências

Professor e estudantes podem planejar e realizar *trabalhos de campo*, isto é, percorrer sua cidade ou região com olhos e ouvidos atentos. Assim poderão encontrar elementos indicativos de perma-

Novos temas nas aulas de História

nências e sobrevivências seculares, observáveis diretamente, que configuram realidades de longa duração, capazes de ensejar a iluminação recíproca de passado e presente. Tais sobrevivências podem ser atividades econômicas, relações sociais e práticas culturais marcadas por enorme longevidade, que ainda conservam parte expressiva de sua "lógica antiga": construções, equipamentos, utensílios, comidas, brinquedos, remédios, modos de fazer, de celebrar e de pensar. Professor e estudantes devem fazer o registro iconográfico dessas sobrevivências e colher depoimentos orais a respeito delas. De volta à sala de aula, debater as influências dessas "formas arcaicas" sobre o cotidiano das populações, suas interações com a cultura moderna e as razões pelas quais essas tradições encontram-se ameaçadas nas localidades e regiões onde residem os estudantes e o professor.

Esse tipo de trabalho favorece a compreensão das dinâmicas históricas, levando os estudantes a perceber que a história é trama complexa de permanências e mudanças. O trabalho de campo, ao possibilitar a leitura mais atenta do universo cultural dos estudantes, abre oportunidade para que eles identifiquem componentes dos vários tempos de sua construção, participando, assim, da relação dialógica entre a situação atual do local ou da região e o seu passado. O que acaba por problematizar a identidade dos estudantes, fazendo-os refletir sobre o legado do passado, o que dele desejam conservar, transformar ou simplesmente abandonar.

Leitura da literatura regional e de relatos de viajantes

Escritores produziram e continuam produzindo obras com fortes traços regionais, que lançam luz sobre aspectos das histórias de diversas regiões brasileiras. Autores como Érico Veríssimo, Graciliano Ramos, Guimarães Rosa e Jorge Amado fornecem retratos instigantes do povo, dos costumes, da vida social e política, das paisagens e dos problemas de partes do país. Essas obras constituem, portanto, recursos fundamentais para a abordagem da História Regional, de preferência no âmbito de projetos de ensino integrados com outras disciplinas (Língua e Literatura, Geografia, Sociologia).

Como várias dessas obras geraram filmes ou séries de TV, o professor pode contar com esse material para dinamizar ainda mais suas abordagens da História Regional. As premissas fundamentais que devem nortear o trabalho são duas: (1) a literatura e os filmes são obras de ficção – e não a reprodução fiel e verdadeira do passado; (2) a arte não constitui mero "reflexo" dos contextos sócio-históricos nos quais foi produzida, porque há uma autonomia própria do fazer artístico, em todo lugar e época. Isso posto, o professor criativo encontrará muitas formas de falar de História Regional servindo-se da literatura.

O mesmo pode ser feito com os relatos de viagem. Muitas regiões e lugares do Brasil foram visitados, desde o século XVIII, por viajantes ilustrados estrangeiros e nacionais. Gente como Euclides da Cunha ou o francês Auguste de Saint-Hilaire, para citar somente dois nomes. Os relatos deixados por esses viajantes costumam conter muitas informações, descrições e comentários sobre as áreas por eles visitadas, suas economias, padrões sociais e modos da vida cotidiana. Ao trabalhar com esses relatos, as gravuras e os mapas que os acompanham, os estudantes encontram uma via de acesso ao passado. Para vastas áreas interioranas do Brasil, eles constituem, não raro, as únicas narrativas que falam de épocas pretéritas. Esses relatos são fontes importantes que os estudantes devem conhecer e criticar. O professor deve chamar a atenção dos estudantes para as dificuldades dos viajantes entenderem a lógica das relações sociais e culturais das áreas que visitaram. Apontar a fome do "exótico" e do "pitoresco" que marcou seus escritos, discutindo com os estudantes como essa inclinação distorce a compreensão histórica dos locais e regiões.

No trabalho com a literatura regional e os relatos de viagem, o professor deverá estimular os estudantes a refletir sobre, digamos desta forma, o "texto semissecreto" que dá sentido ao que fazemos na vida e que, para cada um dos moradores de uma localidade ou região, em grande parte tem a ver com o que disseram a seu respeito os literatos e viajantes. Clichês, fantasias, traços de personalidade, disposições e inclinações que são atribuídos pelos escritores, políticos e meios de comunicação às diversas áreas do país constituem mitologias e regionalismos como a "mineiridade", a "baianidade", o "gauchismo" etc.

Análise dos temas e formas do artesanato, música e arte

Explorar o interesse dos jovens pela música abre outra possibilidade para o ensino de História Regional. Pode-se propor a eles a elaboração de inventário sobre os tipos de música que as diversas gerações de sua região conhecem e apreciam; selecionar canções representativas, analisar os temas que elas abordam, as letras e os elementos rítmicos/melódicos que as caracterizam; discutir as maneiras como elas falam da vida, dos problemas e as imagens regionais que elas criam e difundem. Pesquisar quem compõe e quem executa as músicas, onde, como e quando. Tudo isso é estratégia para colocar os estudantes em contato com sua História Regional, ouvindo e cantando o que passa na TV e no rádio, mas também o que embala os encontros e as festas nas comunidades rurais distantes e nas periferias urbanas.

A arte (tanto as chamadas "belas-artes" quanto a "arte popular") e o artesanato também possibilitam aos estudantes refletir sobre o passado de sua região ou localidade. O professor pode auxiliá-los a comparar objetos de diferentes períodos, os temas, os processos artísticos e os materiais empregados, os padrões estéticos, as influências em jogo, incitando os estudantes a perceber as distintas "leituras do mundo" que os artistas/artesãos de sua cidade ou região fizeram no decurso do tempo. E, o que é muito importante, discutir o que essas coisas têm em comum com a maneira como nos situamos no mundo de hoje.

Exibição comentada de documentários e programas de TV

Há imensa quantidade de vídeos sobre lugares e regiões do país, exibidos nos canais de TV. O professor pode obtê-los (e, se necessário, editá-los), exibindo-os em sala de aula. Preparar um roteiro para o debate do documentário/vídeo com os estudantes, que destaque os tipos de informações e representações veiculadas e os eventuais estereótipos presentes, torna a atividade mais significativa. Os argumentos, personagens, mensagens e imagens; os pontos de vista dos diretores e roteiristas, tudo isso põe em movimento elementos simbólicos que podem causar estranheza, levantar dúvidas e abalar certezas, estimulando os estudantes a conhecer a trajetória dos lugares e regiões onde vivem. O risco a evitar no trabalho com a História Regional em sala de aula é o de conjurar "idades de ouro", favorecendo o retorno de localismos e regionalismos agressivos, a fabricação de representações distorcidas e negativas sobre o "outro", seja ele estrangeiro ou forasteiro. Enfim, o professor, com estratégias diversificadas e aulas bem preparadas, tem que ajudar os estudantes a descobrir o segredo: qualquer coisa que diga algo sobre o presente ou o passado do nosso *espaço vivido* fala mais sobre as nossas vidas e o estado de espírito de cada um. Afirma que o lugar e a região não têm outro centro que não nós.

Sugestões bibliográficas

Apenas para instigar os professores, e sem qualquer pretensão de arrolar exaustivamente as obras mais importantes, são apresentados cinco livros de interesse para o trabalho com história regional.

- Jorge Amado, *Terras do sem fim*, 13. ed., São Paulo, Martins, 1961.
  Romance histórico da década de 1930 que coloca frente a frente os feitos dos coronéis e as agruras vividas pelos trabalhadores na zona cacaueira baiana. Enseja boa discussão sobre realismo e etapismo na representação da história, ideias caras aos comunistas da época.

- Emmanuel Le Roy Ladurie, *Os camponeses do Languedoc*, trad. Manuel Ruas, Lisboa, Editorial Estampa, 1997.
  Clássico estudo da região rural francesa marcado pela busca da apreensão global do objeto e da análise interdisciplinar, empregando a totalidade da documentação disponível para abordar temas como a demografia, os regimes agrários, as hierarquias sociais, a cultura material.

- Alceu Amoroso Lima, *Voz de Minas: ensaio de sociologia regional brasileira*, Rio de Janeiro, Agir, 1945.
  Antigo e famoso estudo sobre a trajetória e a cultura política mineira, que contribuiu para consolidar a ideologia da "mineiridade", funcional para o exercício do poder pelos políticos mineiros. Obra cujas recepção e difusão exemplificam bem os riscos e as consequências da ideologização dos estudos regionais.

Novos temas nas aulas de História

- Amílcar Vianna Martins Filho, *Como escrever a história da sua cidade*, Belo Horizonte, Instituto Cultural Amílcar Martins, 2005.
Pequeno e útil manual, com dicas claras e diretas para não-especialistas, contendo sugestões de como elaborar e conduzir estudos históricos de pesquisa de municípios e cidades.

- Orhan Pamuk, *Istambul: memória e cidade*, trad. Sérgio Flaksman, São Paulo, Companhia das Letras, 2007.
Magnífico livro de memórias do Prêmio Nobel de Literatura de 2006, que é uma mescla de elegia, confissão, crônica e ensaio sobre Istambul, cidade-sede do outrora poderoso Império Otomano, antiga Constantinopla, parte do imaginário exótico do Ocidente. O ponto alto da obra é o olhar crítico e afetivo lançado sobre os escritores turcos e europeus dos séculos xix e xx que tentaram apreender a paisagem física e humana daquela cidade.

Notas

[1] Ver, por exemplo, Ernest Renan, "Qu'est-ce qu'une nation?", em Oeuvres complètes, Paris, Calmann-Lévy, 1949, v. 1.

[2] Vladimir I. Lenin, O desenvolvimento do capitalismo na Rússia: o processo de formação do mercado interno para a grande indústria, trad. José Paulo Netto, São Paulo, Abril Cultural, 1992.

[3] Cf. David Harvey, "Espaços urbanos na 'aldeia global': reflexões sobre a condição urbana no capitalismo do final do século xx", em Cadernos de Arquitetura e Urbanismo, Belo Horizonte, maio 1996, pp. 171-89.

[4] Para discutir o conceito de "lugar", ver Ana Fani Alessandri Carlos, "O lugar: mundialização e fragmentação", em Fim de século e globalização, São Paulo, Hucitec, 1993.

[5] Maria de Lourdes Mônaco Janotti, "Historiografia: uma questão regional?", em Marcos A. da Silva (org.), República em migalhas: história regional e local, São Paulo, Marco Zero/ anpuh, 1990, pp. 81-101.

[6] Pierre Goubert, "História local", em História & Perspectivas, Uberlândia, jan./jun. 1992, n. 6, pp. 45-57.

[7] Ver, por exemplo, Sandra Lencioni, Região e Geografia, São Paulo, Edusp, 1999.

[8] Conforme a formulação presente em Fernand Braudel, Civilização material, economia e capitalismo (séculos xv-xviii), São Paulo, Martins Fontes, 1996, v. 3, p. 8 e ss.

[9] Pierre Goubert, op. cit., p. 55.

CIÊNCIA E TECNOLOGIA

SILVIA FIGUEIRÔA

É um lugar-comum, repetido de diferentes maneiras, em vários fóruns e mídias, que a sociedade contemporânea está, cada vez mais, apoiada no – e, até mesmo, moldada pelo – binômio ciência e tecnologia (daqui em diante, C&T). Muitos inclusive sustentam e demonstram a relevância das inter-relações entre ciência, tecnologia e sociedade para períodos históricos bem anteriores ao atual. Ao mesmo tempo, porém, é notória a escassa presença desta temática – ciências e tecnologias em perspectiva histórica – nos materiais didáticos e paradidáticos disponíveis para o professor.

O propósito deste texto é apresentar elementos sobre a história da C&T e sugerir, a partir de alguns exemplos, que a incorporação destes temas na sala de aula permite ampliar o ensino de História, seja pela inclusão de outras informações que enriquecem a visão dos fatos e processos históricos, seja por proporcionar excelentes oportunidades de trabalho interdisciplinar. Não se pretende, contudo, oferecer um receituário para utilização da História da C&T pelo professorado – principalmente porque não acreditamos na utilidade de fórmulas prontas em face da diversidade de situações em que concretamente se insere o ofício de educar.

NOVOS TEMAS NAS AULAS DE HISTÓRIA

A História das Ciências e das Tecnologias

O nome da especialidade parece tudo esclarecer: sabemos o que é História – ou temos uma concepção do que seja – e sabemos, minimamente, o que é ciência e tecnologia, ainda que não sejamos cientistas. No entanto, atrás da aparente simplicidade da cartesiana operação "soma de dois termos = resultado", reside uma razoável complexidade. A História das Ciências e das Tecnologias, um campo necessariamente interdisciplinar, tem vida e história próprias, velhas de pelo menos dois séculos, nem sempre conectadas à disciplina de História em sentido estrito. Além disso, a natureza da ciência e da tecnologia vem sendo rediscutida há algumas décadas. Em decorrência desse debate, hoje há diferentes modos de conceber C&T, assim como há diversas concepções de História. Disso resulta uma polifonia que implica atritos e aproximações entre as diversas visões de História e de ciência, por um lado, e, no caso das relações com o ensino, também com visões do que seja educação – o que, obrigatoriamente, leva a escolhas nem sempre fáceis ou óbvias. Portanto, é útil que o professor seja informado, em linhas gerais, das concepções existentes sobre a história da C&T, a fim de poder optar por aquela mais coerente com suas visões de ensino e de mundo.

A História das Ciências nasceu ligada à própria ciência moderna, a qual pode ser definida como uma forma histórica de entender e explicar os fenômenos da natureza, que foi construída entre os séculos XVI e XVII e, finalmente, consolidada no século XIX. Do século XX em diante, a ciência e a tecnologia se expandiram em proporção e intensidade impressionantes. Em seu início, a chamada História das Ciências se constituiu como justificativa e estímulo à ciência moderna, muito mais como um discurso de reforço e exaltação, articulado pelos defensores desta ou daquela corrente de explicação do mundo, do que como análise e compreensão de um (dentre outros possíveis) modo de olhar a natureza e a sociedade. A História da C&T participou, assim, do processo que terminou por conferir à ciência e à tecnologia o *status* de conhecimento superior a outras formas de conhecimento.

Ao mesmo tempo, esse caminho fez com que a História da C&T fosse, por um longo período, profundamente anacrônica e

154

mesmo a-histórica, com sua insistência em buscar "precursores geniais" que enxergaram à frente de seu tempo, encadeando-os numa sequência temporal linear, teleologicamente direcionada ao progresso, fosse do conhecimento em si mesmo, fosse da humanidade. Paradoxalmente, portanto, a História da C&T permaneceu distante da própria História.

Contudo, o entusiasmo com o potencial transformador da C&T, inclusive sua supremacia em relação a outros saberes e práticas – entusiasmo este constituído a partir do Iluminismo –, foi fortemente abalado com a Segunda Guerra Mundial, em consequência da bomba atômica e do desenvolvimento de armas cada vez mais mortíferas e tecnologicamente avançadas. Junto com a *big science* – isto é, com o modo de fazer ciência e tecnologia envolvendo inúmeros cientistas, dezenas de instituições e milhões, ou bilhões, de investimento, iniciado com o Projeto Manhattan para produção da bomba atômica –, desvelou-se para um público bem mais amplo a "face oculta" dos usos do conhecimento científico e tecnológico, a sua "sombra". Uma crítica passou a ser possível então, em paralelo à necessidade crescente de compreensão das relações entre ciência, tecnologia e sociedade (atualmente acrescidas da questão ambiental e citadas pela sigla CTSA), dos modos de produção da C&T, de sua inserção nos aparatos estatais e governamentais (de orientação conservadora, liberal ou de esquerda), em economias mais ou menos industrializadas ou planificadas.

O alarme acionado no segundo pós-guerra teve claramente dois grandes desdobramentos. De um lado, articulou-se – e até hoje cresce em importância – um discurso em defesa da melhoria da educação científica dos indivíduos, como forma de garantir cidadania e o pleno funcionamento de uma sociedade democrática. No cerne está o argumento de que, para uma sociedade cada vez mais dependente da C&T funcionar de modo justo e democrático, é essencial que os cidadãos sejam cientificamente bem informados para melhor opinar e fazer suas escolhas – sejam eles futuros cientistas (uma minoria) ou não. Nesse processo de formação crítica, a compreensão do que seja C&T e quais suas interações com a sociedade é essencial – compreensão essa que, acreditava-se, só poderia vir a partir de um enfoque histórico das ciências e das tecnologias.

NOVOS TEMAS NAS AULAS DE HISTÓRIA

De outro lado, a necessidade de melhor conceber a ciência (e de introduzi-la no ensino) alavancou os estudos de História da C&T, além de mudar algumas de suas características. Tomando-se como exemplo quatro congressos internacionais de História das Ciências – a saber, o 6º, em Amsterdã (Holanda), em 1950; o 10º, em Ithaca (EUA), em 1962; o 17º, em Berkeley (EUA), em 1985; e o 21º, na cidade do México (México), em 2001 –, é notável o crescimento quantitativo do número de trabalhos selecionados para apresentação. O número triplicou entre os três primeiros congressos, e multiplicou-se por 14 entre o primeiro e o último evento (51 anos). No congresso no México, a mudança temática mais significativa, que gostaríamos de destacar para fins da nossa argumentação neste texto, foi a inserção expressiva de temas relacionados à História da C&T em países e regiões do globo anteriormente ignorados, como o conjunto da América Latina, a África e partes da Ásia – ou seja, países quase sempre considerados "sem ciência".

A mudança de enfoque
da História das Ciências e das Tecnologias

O que a mudança temática anteriormente citada reflete? Sem dúvida, a influência de alguns trabalhos seminais na redefinição do entendimento das ciências e tecnologias, resultantes, na maioria das vezes, do espaço de crítica que se abriu no segundo pós-guerra, como mencionado. Sob impacto do conhecido trabalho de Thomas Kuhn, *A estrutura das revoluções científicas*,[1] aliado a pesquisas semelhantes levadas a cabo por outros pesquisadores, foi rejeitada a premissa, até então corrente, de que a C&T poderia ser estudada independentemente do contexto histórico mais amplo – social, político, econômico, cultural, religioso etc. O trabalho de Kuhn estimulou outras disciplinas a tomarem a ciência como tema, e assim a Antropologia, a Economia ou a Política da C&T emergiram. Desde então, é cada vez menos possível investigar as ciências e as tecnologias como puro empreendimento lógico, sem considerar fatores

SILVIA FIGUEIRÔA

como a natureza da mente humana, a existência de redes sociais, de normas socialmente aceitas, de motivações competitivas ou cooperativas, de recompensas e riscos sociais, de redes de informação ou do financiamento do processo de pesquisa.

Sem dúvida, esta perspectiva estabelece um diálogo entre a História da C&T e a História em geral e, além disso, permite abordagens educacionais como as preconizadas pelos Parâmetros Curriculares Nacionais para o Ensino Médio (PCNEMS):

> A nova identidade atribuída ao ensino médio define-o [...] como uma *etapa conclusiva* da educação básica para a população estudantil. O objetivo é o de preparar o educando para a vida, para o exercício da cidadania, para sua inserção qualificada no mundo do trabalho, e capacitá-lo para o aprendizado permanente e autônomo, não se restringindo a prepará-lo para outra etapa escolar ou para o exercício profissional. Dessa forma, o ensino de História, articulando-se com o das outras disciplinas, busca oferecer aos alunos possibilidades de desenvolver competências que os instrumentalizem a refletir sobre si mesmos, a se inserir e a participar ativa e criticamente no mundo social, cultural e do trabalho.[2]

Cabe ressaltar ainda que as novas abordagens de C&T preocupam-se mais em analisar os processos de construção do conhecimento do que somente seus produtos finais. Por outro lado, procuram demonstrar que as afirmações científicas que se assumem como "verdadeiras" derivam de processos sociais – isto é, as "verdades científicas" são produtos de negociações, disputas e consensos dentro de uma comunidade científica, que implicam, quase sempre, relações de poder, e não reflexos diretos e objetivos da natureza. Esses novos estudos mostram que a imagem pública da ciência é muito mais uma "ideologia da ciência", que reforça o *status* epistemologicamente superior do conhecimento científico, aumenta o poder e eleva a posição social dos cientistas.

Esse conjunto de mudanças teve profundas consequências, desde pelos menos a década de 1980, nas discussões sobre a questão da C&T nos países considerados periféricos. Como afirma o historiador das ciências mexicano, Juan José Saldaña, "a historiografia atual tem se empenhado em descobrir que existe uma problemática

Novos temas nas aulas de História

particular da ciência das regiões periféricas que interessa tanto aos próprios países periféricos, como à historiografia geral da ciência".[3] Uma nova maneira de olhar a ciência tem permitido "descobri-la", na América Latina e no Brasil, desde os tempos coloniais.

No bojo dessas discussões, a ideia de que a ciência seria universal passou a ser fortemente questionada. A "ciência universal" era vista sempre como ciência europeia, daí as tentativas fracassadas de encontrar fora a mesma ciência tal como praticada na Europa. Para enfrentar essa ideologia, buscaram-se alternativas para o estudo das C&T no contexto real da América Latina. Nessa renovação, a ênfase foi no historiar as práticas científicas concretas que, nas instituições locais, encontraram abrigo, foram por elas produzidas e, nessa dinâmica, ajudaram a produzir as próprias instituições. Buscou-se fazer uma História que hoje se identifica como "História da Cultura Científica", ou uma "História do Cotidiano Científico" que explicitasse, sem chauvinismos, seus avanços, contradições, continuidades, rupturas e limites históricos. A partir dessas novas orientações teóricas, a ciência e a tecnologia brasileiras passaram a ser estudadas desde os tempos coloniais. Entretanto, tais discussões estão ainda circunscritas aos círculos acadêmicos, não tendo se refletido no público em geral e, menos ainda, no ensino. Por causa disso, escolhi abordar exemplos do Brasil nos dois últimos itens deste texto.

A História das Ciências e das Tecnologias no ensino[4]

A imagem pública da ciência ainda hoje é largamente influenciada pela visão tradicional e constitui um mito. A ciência continua a ser vista como um conjunto de verdades resultantes da observação pura e divorciada do contexto social, como uma atividade superior e, como tal, praticada somente por seres intelectualmente superiores. Essa imagem, além de inverídica, traz riscos à própria ciência. Ao se apresentar como atividade superior, afasta aqueles que, mesmo possuindo potencialidades, não se acham capazes de ingressar num mundo reservado a poucos "gênios". A inclusão de tópicos e abordagens de História da C&T nas salas de aula pode atuar tanto no sentido de mudar a percepção pública da ciência como na formação de cidadãos críticos. Nesse aspecto, a educação assume um papel primordial.

O professor e o restante do sistema escolar, ao projetarem uma imagem de ciência e tecnologia como produtos acabados, e não como processos que envolvem seres humanos e contextos, acabam por criar/reforçar a imagem da ciência enquanto atividade neutra, imparcial e superior. A mudança deste quadro passa, então, pela mudança da percepção que o professor tem de ciência e, consequentemente, por uma mudança em sua prática pedagógica.

A História da C&T pode ser uma ferramenta importante para a mudança de tal situação, ao apresentar a ciência não mais como um conjunto de resultados prontos, mas, sim, como um processo que envolve pessoas comuns – "cientistas" ou não –, contextos concretos e controvérsias acirradas.

> Por exemplo, Galileu Galilei (1564-1642) organizou sua obra *Discursos referentes a duas novas ciências*, de 1638, sob a forma de um diálogo entre três personagens: Salviati, um nobre e acadêmico (que seria o próprio Galileu); Sagredo, homem prático e inteligente, mestre-artesão do Arsenal veneziano; e Simplício, homem ignorante e simplório, a representar a visão aristotélica de mundo, combatida na época pela chamada Revolução Científica. Muito do conhecimento novo apresentado na obra está, justamente, na boca e no raciocínio de Sagredo, que Salviatti reforça. Fica bastante claro que os que produzem ciência e tecnologia interagem com aqueles que desempenham atividades supostamente díspares, como artesãos, nobres, teólogos e religiosos, entre outros.

É tarefa da História da C&T reconstruir a produção dos conhecimentos científicos como atividade humana, discutir como tal atividade cresce, desenvolve-se, expande-se e é influenciada pelos seres humanos e suas aspirações, sejam elas materiais, intelectuais ou mesmo espirituais. Ao mesmo tempo, ao longo de todo o processo histórico, são claras as influências da C&T no curso dos acontecimentos e na dinâmica das diferentes sociedades. Tem-se, de fato, uma rica dialética entre sociedades, ciências e tecnologias[5] ao longo da história.

Novos temas nas aulas de História

A C&T e a sociedade estão intimamente imbricadas e os cientistas são, antes de tudo, seres humanos, com suas imperfeições, dúvidas, desejos e esperanças, enredados em teias de relações das mais simples às mais complexas, das mais pragmáticas e imediatas às mais idealistas e utópicas, das mais profissionais às mais pessoais. As histórias da C&T são, assim, parte integral das histórias das nossas sociedades, em seus diferentes tempos e lugares. Revelam as relações complexas, necessárias e tantas vezes conflituosas entre os componentes técnicos, científicos, culturais, políticos, econômicos, individuais e sociais que as constroem.

> Exemplificando, tome-se uma aula de História cujo conteúdo a ser desenvolvido é a Primeira Guerra Mundial. Ora, a Primeira Guerra Mundial não pode ser estudada de forma abrangente se for colocada de lado uma questão de extrema importância: o desenvolvimento da Química na Alemanha e, posteriormente, em outros países, determinante no emprego de gases venenosos como armas e no desfecho de diversas batalhas. Os professores de História teriam aqui uma excelente oportunidade de desenvolver um programa conjunto que tratasse da Primeira Guerra enfocando aspectos políticos, econômicos, bélicos e também científicos, em parceria ou não com professores de Química, caso se deseje desenvolver trabalho interdisciplinar, tão preconizado ultimamente, inclusive em diretrizes governamentais.[6]
>
> O mesmo tipo de articulação poderia ser realizado quando o assunto fosse a Segunda Guerra Mundial, incorporando-se na análise o avanço da Física de altas energias e a construção da bomba atômica.

> No caso brasileiro, nossa famosa Revolta do Quebra-Quilos só pode ser plenamente compreendida junto com a história de implantação, em nível mundial, do sistema métrico decimal, sendo que o Brasil foi um dos países pioneiros na sua adoção.

> Outra revolta de importância ímpar, a Revolta da Vacina, permite explicitar o papel decisivo das pesquisas científicas em Bacteriologia conduzidas por

> Oswaldo Cruz e sua equipe nos projetos dos governos republicanos do início do século xx, particularmente de Rodrigues Alves.

Como estes, há inúmeros exemplos de como a História da C&T pode ser usada para abordar conteúdos de forma contextualizada e integrada ao restante do currículo escolar.

> Poderíamos sugerir uma lista exaustiva de temas:
>
> - a busca de novas rotas comerciais para o Oriente, os avanços nas construções náuticas e as grandes navegações, que, além de desmentirem a crença medieval na ebulição das águas dos mares nas latitudes mais baixas, encontraram novas terras com natureza diferente, obrigando a uma profunda revisão da História Natural;
> - o desenvolvimento do capitalismo mercantil, a fundação dos primeiros bancos e a necessidade de aprimoramento das matemáticas, sobretudo das áreas ligadas à contabilidade;
> - a expansão dos impérios e a circulação de mercadorias, que implicaram padronização nas unidades de medida;
> - as conquistas territoriais, a demarcação de fronteiras e o saber geográfico;
> - a importação e circulação de plantas e animais "úteis" e sua aclimatação em jardins botânicos e zoológicos etc.

Todavia, por mais que alonguemos a lista, ela permanecerá, forçosamente, incompleta. Por isso, apresentamos a seguir dois temas como exemplos do tipo de abordagem que defendemos, privilegiando o caso brasileiro, notoriamente mais ausente.

Trabalho em sala de aula

Ao considerar que a temática da História das Ciências e das Tecnologias pode enriquecer as aulas e ser um dos instrumentos para formação de cidadãos críticos, é essencial ter em mente que as

Ciência e tecnologia no Brasil colonial

A pesquisadora Clarete Paranhos da Silva[7] examinou livros didáticos de História representativos adotados no ensino médio da rede oficial de ensino do estado de São Paulo para saber se fazem referências a atividades científicas no Brasil colonial e, em caso afirmativo, como tratam a questão, ou seja, qual concepção de ciência embutida nos textos. Observou que apenas duas obras dedicam capítulo especial à cultura na Colônia. Nas outras, a questão é diluída, tratada de forma esparsa, dentro do capítulo dedicado ao período da mineração de ouro e diamantes. No entanto, o tratamento dado ao tema é o mesmo em todos os livros: ao considerarem a cultura no Brasil colonial, concentram-se na literatura, na música, na arquitetura e na escultura que floresceram, principalmente, no século XVIII na região das *Geraes*. Em nenhum momento falam das relevantes atividades científicas desenvolvidas na região na mesma época, conduzidas por luso-brasileiros com objetivo de pesquisar materiais minerais, resolver problemas da agricultura e da mineração no Brasil, especialmente na segunda metade do século XVIII. Para ficarmos em um só exemplo, o mineralogista brasileiro José Vieira Couto (1752-1827) realizou diversas pesquisas de cunho mineralógico e geológico na região mineira entre 1799 e 1805, cujos resultados ficaram registrados em quatro obras, intituladas *Memórias*.

Em termos gerais, Clarete Paranhos da Silva concluiu que os textos dos livros deixam no leitor a impressão de que as atividades científicas ocorrem fora do contexto histórico-cultural. Ao não fazerem referência às atividades científicas realizadas na região mineira durante o século XVIII, que, segundo os próprios livros didáticos examinados, foi a região de maior desenvolvimento cultural durante o período colonial, os livros também passam a ideia de que existe uma separação entre ciência e cultura.

Não se trata aqui de defender a obrigatoriedade do estudo dos trabalhos de Vieira Couto em sala de aula, mas sim de, a partir desse

SILVIA FIGUEIRÔA

contraexemplo, ampliar as possibilidades de inclusão de temas de C&T quando falamos do Brasil Colônia, questionando ao mesmo tempo algumas noções ainda muito arraigadas. A primeira é a de que não teriam ocorrido práticas científicas no Brasil colonial, a não ser em momentos de exceção, por obra e vontade de estrangeiros. A segunda é que a ciência se dá fora do contexto cultural, já que, mesmo ao tratar da cultura "erudita", os autores de livros didáticos não se referem à ciência como parte desta mesma cultura. Somente quando falam do governo de Maurício de Nassau (1637-1644) ou do período joanino (1808-1822) os autores citam, rápida e superficialmente, a vinda de cientistas estrangeiros ou a criação de instituições científicas. É esclarecedor dizer que, mesmo estas rápidas referências, não são feitas nos momentos em que os autores abordam o tema cultura.

O historiador Carlos Ziller Camenietzki, em seu trabalho sobre os jesuítas e os estudos matemáticos e astronômicos no âmbito do Império Português (particularmente na América portuguesa), afirma com clareza e oportunidade:

> Ainda que submetida à crítica sistemática por longos anos, a ideia segundo a qual esta terra constituiu, sobretudo, um imenso espaço de onde a metrópole retirava riquezas contribuiu sensivelmente para o esvaziamento do interesse na investigação dos problemas ligados à vida cultural e científica. O postulado de que não caberia cultura erudita, vida acadêmica real e atividade científica na América Portuguesa fixou-se como consequência desta ideia de colônia. O que se podia constatar em termos de produção cultural neste domínio enquadra-se facilmente na condição de pastiche, mera cópia sem interesse, de uma dinâmica metropolitana. [...] Não é à toa que esse ator social, o intelectual, tenha tanta dificuldade de ser encontrado em Portugal e mesmo na América Portuguesa. [...] se não faltam testemunhos eloquentes, embora não muito numerosos, da vida intelectual mazomba, falta o olhar que lhes dê alguma importância. Mesmo no restrito caso da matéria científica, os testemunhos são conhecidos há tempos – ainda que volta e meia novos documentos sejam encontrados. Mas o principal elemento tarda a amadurecer e a se consolidar: uma imagem da Colônia que aceite como coisa provável a existência de alguma atividade científica nestas terras.[8]

De fato, a partir do conjunto de trabalhos já disponíveis atualmente sobre a história da C&T no Brasil, é possível e viável que o professor, caso deseje, incorpore em suas aulas esta temática.

Cultura religiosa *versus* pensamento científico?

Os autores dos livros didáticos analisados por Clarete Paranhos da Silva partilham, também, da ideia de existência de forte oposição entre cultura religiosa e pensamento científico, tanto em Portugal quanto nas colônias, o que é oportuno relativizarmos. É exatamente por conta da crença na oposição absoluta entre ciência e religião que muitos trabalhos científicos foram desprezados ou declarados inexplicáveis pela historiografia tradicional ao não se encaixarem nos esquemas interpretativos definidos de antemão pelos historiadores.

Na verdade, a ideia de uma separação radical entre ciência e religião é questionável pelo fato de que, quando a ciência moderna surgiu, "a religião constituía um dos fatores mais poderosos da vida cultural. O que as pessoas pensavam de Deus (ou dos deuses) influenciava sua concepção de natureza, o que, por sua vez, influenciava os seus processos de investigação da natureza, ou seja, de sua ciência".[9] A história da América Latina, assim como a europeia e a norte-americana, estas duas sempre referidas como modelos, é profundamente marcada pela cultura religiosa e esse elemento não pode ser desprezado pelos historiadores. Como exemplo dessa profunda interconexão entre religiosidade (em sentido amplo) e pensamento científico, basta lembrarmos de alguns cientistas amplamente conhecidos: Nicolau Copérnico (1473-1543), Francis Bacon (1561-1626), Johannes Kepler (1571-1630) e Isaac Newton (1642-1727). Todos eles podem ser estudados em sala de aula.

Copérnico, ao justificar seu sistema solar heliocêntrico na obra *Das revoluções dos corpos celestes*, assim se manifestou:

> Imóvel, no entanto, no meio de tudo está o Sol. Pois nesse mais lindo templo, quem poria esse candeeiro em outro ou melhor lugar do que esse, do qual ele pode iluminar tudo ao mesmo tempo? Pois o Sol não é inapropriadamente chamado, por alguns povos, de lanterna do Universo; de sua mente, por outros; e de seu governante, por outros ainda. O Três Vezes Grande [Hermes Trismegisto] chama-o de um deus visível, e Electra, de Sófocles, de onividente.[10]

Francis Bacon, ao apresentar a nova Filosofia Natural, salientava o propósito desse saber: "Todo o conhecimento e, especialmen-

SILVIA FIGUEIRÔA

te, o da Filosofia Natural tende grandemente para o enaltecimento da glória de Deus no seu poder, providência e benefícios, aparentes e gravados nas suas obras, as quais, sem esse conhecimento, só serão contempladas através de um véu."[11]

Kepler produziu sua obra seminal sobre as órbitas planetárias durante as guerras religiosas que opunham católicos e protestantes, e, na mesma época em que a escrevia, redigia também a defesa de sua mãe, condenada por bruxaria.[12] Sua Astronomia procurava a harmonia dos céus. E ele morreu buscando, na Terra, a tolerância e a convivência entre os diferentes.

A obra *Elementos da filosofia de Newton*, publicada em 1738 por Voltaire para divulgar a Física newtoniana na França, abre com a frase: "Newton estava intimamente convencido da existência de um Deus; entendendo por esta palavra não somente um ser infinito, todo-poderoso, eterno e criador, mas também um senhor que estabeleceu certa relação entre Ele e suas criaturas."[13]

Com questionamentos e informações desse tipo é possível fazer os alunos perceberem que os saberes se constroem de forma complexa, em profunda interação com o que acontece na sociedade, e não à parte dela. Além disso, os estudantes também se tornam capazes de refletir sobre as noções de saberes absolutos e incomunicáveis, percebendo que oposições tão radicais – como, por exemplo, Ciência *versus* Religião – são quase sempre equivocadas. Essas discussões podem, inclusive, favorecer uma convivência mais tolerante e respeitosa entre grupos com ideias diferentes.

O lado desconhecido de José Bonifácio e o iluminismo em Portugal

Outro exercício interessante de se realizar em sala de aula fazendo uso da História das Ciências é estudar a trajetória de José Bonifácio de Andrada e Silva. Nos livros didáticos de História, este personagem é apresentado em seu perfil de homem público, omitindo-se sua faceta de naturalista, quando, na realidade, no período em que viveu essa separação não existia.

Novos temas nas aulas de História

José Bonifácio de Andrada e Silva (1763-1838), exaustivamente tratado pela historiografia brasileira como o "patriarca da Independência", mas praticamente esquecido como estudioso de História Natural, mereceu, até bem pouco tempo, pouca atenção por parte da História das Ciências brasileira. Grande parte dos estudos concentra-se em sua atuação política no Brasil, depois de retornar de Portugal, em 1819. O estudo recente de Alex Varela[14] começou a mudar essa realidade, recusando, porque falsa, a dicotomia entre o Bonifácio "político", bastante conhecido, mitificado e desmistificado, e o Bonifácio "homem das ciências". O desafio enfrentado com sucesso por Varela aparece sintetizado nas primeiras páginas de seu livro: após exaustiva revisão bibliográfica, o autor conclui que "em que pese a densidade da bibliografia a seu respeito [de Bonifácio], há lacunas que estimulam a reflexão em novas direções".

É esta reflexão que encontramos ao longo do livro, discutida e muito bem fundamentada em bibliografia de apoio e sustentada em variadas fontes documentais. Os elementos contextuais dos cenários político, econômico, social, cultural e científico aparecem bem articulados na análise do autor, fazendo emergir um quadro rico, esclarecedor e coerente, dentro dos limites possíveis da interpretação histórica. O primeiro capítulo situa o contexto da Europa das Luzes, focando em seguida Portugal e a América Portuguesa, ambientes por onde circularam Bonifácio e outros ilustrados mencionados por Varela, bem como o já citado Vieira Couto. Nesse contexto, o autor destaca a política de fomento e estudo das "produções naturais" das colônias – essencial, à época, ao projeto mais amplo do desenvolvimento integrado do Império Português, assim como essencial, hoje, à compreensão desse processo histórico. A seguir, Varela analisa a formação e a profissionalização de Andrada e Silva obtidas de forma eclética em diferentes espaços institucionais: Coimbra, onde recebeu uma formação típica do período da Ilustração – enciclopédica, pragmática e utilitária; em seguida, numa viagem de dez anos patrocinada pelo governo português, esteve na França, Saxônia, Boêmia, Hungria, Itália, Áustria e Escandinávia, associando-se a diversas instituições científicas e frequentando cursos nos mais importantes centros de ciência do período, particularmente os relacionados à Mineralogia e à Química.

A *viagem filosófica* de José Bonifácio coroou sua formação na universidade e permitiu sua especialização em Mineralogia e Metalurgia. Foi sua atuação na Academia Real das Ciências de Lisboa o que lhe abriu as portas para a carreira de filósofo natural. Nessa instituição, atuou como sócio e publicou diversas *memórias* científicas. A partir do estudo dessas *memórias*, Varela busca apreender, entre outras coisas, os conceitos de ciência e de natureza presentes no pensamento de José Bonifácio. Em seus escritos, o naturalista se mostrou um homem conectado ao seu tempo, ao apresentar a ideia de uma ciência que deveria ser útil ao Estado e à sociedade. A seguir, o livro apresenta e discute a produção científica de Andrada e Silva, em particular as *memórias* sobre temas diversificados apresentadas à Academia Real das Ciências de Lisboa.

Mas é o último capítulo que encerra a maior contribuição do trabalho: naquilo que outros estudiosos enxergaram "martírio burocrático", "emaranhado administrativo a roubar-lhe o tempo das investigações", Varela vê a espinha dorsal da ação de Bonifácio. Ou seja, foi exatamente na Intendência Geral das Minas e Metais do reino que José Bonifácio pôde aliar o "filósofo natural" ao "homem público", conectar ciências e suas aplicações, e assim exercer com plenitude o papel de homem de seu tempo – um homem da Ilustração. Como conclui o autor: "[Bonifácio Andrada e Silva] ocup[ou] um cargo de extrema importância: a direção da Intendência das Minas do Reino, sendo que junto deveriam ser administradas as matas e bosques. Portanto, a partir deste momento, o seu perfil de filósofo natural tornava-se indissociável do perfil de homem público".[15]

O exemplo de José Bonifácio foi aqui destacado pelo papel que ocupa nos livros didáticos. Em consonância com a visão de que a ciência é parte da cultura, e não um saber que está acima desta, o resgate de trajetórias dos naturalistas luso-brasileiros dos séculos XVIII e XIX pode constituir caminho privilegiado para o estudo da história da cultura daquele período. Entretanto, é preciso ressaltar que o resgate de trajetórias não se confunde com a tradição que apresenta histórias dos grandes "gênios" descobridores, à parte e acima dos mortais comuns. Para nós, o resgate de trajetórias só se reveste de sentido ao revelar as relações entre ciência, tecnologia e socieda-

Novos temas nas aulas de História

de, e na humanização dos cientistas, apresentando-os como pessoas comuns, com interesses pessoais, científicos, ambições políticas etc.

Ao chegar ao final deste texto, esperamos que os leitores se sintam, se não convencidos, ao menos curiosos por experimentar introduzir temas de C&T em suas aulas de História. Afinal, uma visão mais plena, completa e integrada de nosso passado e de nossa cultura contribui, certamente, para a formação de cidadãos mais críticos.

Sugestões bibliográficas e outros materiais

Esta é a parte mais difícil do texto, felizmente pelo excesso, e não pela falta. Já há muito material disponível em português sobre a C&T em geral ou no Brasil, com enfoque mais acadêmico ou de divulgação. As referências aqui listadas (em ordem alfabética de autor), além das que já foram citadas no texto, buscam abranger diferentes temas, espaços e tempos históricos e, sem qualquer dúvida, constituem apenas uma mínima porta de entrada de um universo amplo a ser explorado pelo professor e seus alunos.

- Ana Maria Ribeiro de Andrade, *Físicos, mésons e política: a dinâmica da ciência na sociedade*, São Paulo/Rio de Janeiro, Hucitec/Museu de Astronomia e Ciências Afins/CNPq, 1999, 261 p.
  Este livro trata das pesquisas em Física no Brasil no segundo pós-guerra, quando desponta, dentre outros, o nome de César Lattes, além da criação de importantes instituições como o Centro Brasileiro de Pesquisas Físicas (CBPF) e o atual Conselho Nacional de Desenvolvimento Científico e Tecnológico (CNPq). Sua abordagem teórica destaca a teia complexa de relações entre ciência e cientistas, instituições e contexto político.

- Marco Braga, Andreia Guerra e José Cláudio Reis, *Breve história da ciência moderna*. Rio de Janeiro, Jorge Zahar, 2004 a 2008. [vol. 1: Convergência de saberes (Idade Média); vol. 2: Das máquinas do mundo ao universo-máquina (séc. xv a xviii); vol. 3: Das Luzes ao sonho do doutor

SILVIA FIGUEIRÔA

Frankenstein (séc. XVIII); vol. 4: A *belle-époque* da ciência (séc. XIX); vol. 5: Quanta, genes e bytes: o Universo em pedaços (séc.XX) – no prelo].
Escrita pelo Grupo Tekné, constituído de professores do ensino médio que há vários anos desenvolvem um consistente trabalho sobre as relações entre História da C&T e educação, esta obra é abrangente em termos de conteúdo e de tempo, vem redigida em linguagem acessível, com *boxes* temáticos, ilustrações e sugestões de materiais para os professores. Mais do trabalho do grupo pode ser conferido em: <www.tekne.pro.br>.

- Hal Hellman, *Os grandes debates da ciência: dez das maiores contendas de todos os tempos*, São Paulo, Unesp, 1999, 277 p.
  Em linguagem leve e instigante, o autor apresenta dez controvérsias científicas famosas e importantes, como a de Galileu e o papa Urbano VIII, Isaac Newton e Gottfried Leibniz, Darwin e seus opositores, entre outras. Pela abordagem, permite debates e dinâmicas criativas em sala de aula sem quase precisar de adaptações.

- Maria Margaret Lopes, *O Brasil descobre a pesquisa científica: os museus e as Ciências Naturais no século XIX*, São Paulo, Hucitec, 1997, 290 p.
  Um dos estudos pioneiros sobre a C&T no Brasil, este livro desfaz, com clareza e muita documentação, alguns "mitos": a inexistência de ciência de qualidade no Brasil anteriormente ao século XX e a associação automática de museus a "lugares de memória", esquecendo-se de que foram (e ainda são) importantes instituições de pesquisa.

- Collin Ronan, *História ilustrada da ciência*, Rio de Janeiro, Zahar, 1987, 4 vols.
  Um vasto apanhado muito bem ilustrado da C&T desde a Antiguidade (Egito, Mesopotâmia e Grécia) até o final do século XX. Traz informações confiáveis sobre culturas a respeito das quais temos certa dificuldade de encontrar material em português, como a chinesa e a maia, por exemplo.

- Paolo Rossi, *A ciência e a filosofia dos modernos*, São Paulo, Unesp, 1992, 389 p.
  Livro fundamental, de um autor respeitado e erudito, para a compreensão mais ampla e sofisticada do significativo momento de passagem da Idade Média para a Moderna, e a constituição da ciência moderna nesse contexto.

Outros e atraentes recursos para abordar o tema em sala de aula foram pensados e discutidos, dentre outros, em dois livros, que trazem vários capítulos sobre diferentes **filmes**, destacando suas relações com a C&T:

- Bernardo J. Oliveira (org.), *História da ciência no cinema*, Belo Horizonte, Argvmentvm, 2005, 132 p.
- Bernardo J. de Oliveira (org.), *História da ciência no cinema 2: o retorno*, Brasília/Belo Horizonte, Capes/Argvmentvm, 2007, 158p.

Um material variado, rico e de qualidade também pode ser obtido em revistas e sites eletrônicos, que oferecem amplas possibilidades de opção ao professor, particularmente sobre C&T no Brasil. Abaixo dois exemplos, de acesso livre:

- Sociedade Brasileira de História da Ciência: <www.mast.br/sbhc/inicio.htm>;
- Revista *Manguinhos – História, Ciências, Saúde*: <www.coc.fiocruz.br/hscience> ou <www.scielo.br/hcsm>.

Notas

[1] Thomas S. Kuhn, A estrutura das revoluções científicas, 7. ed., trad. Beatriz Vianna Boeira e Nelson Boeira, São Paulo, Perspectiva, 2003, 262 p.

[2] Brasil, Ciências Humanas e suas tecnologias, Brasília, Ministério da Educação, Secretaria de Educação Básica, 2006, 133 p., v. 3 (Orientações curriculares para o Ensino Médio), p. 67.

[3] Juan José Saldaña, "Nuevas tendencias en la historia de la ciencia en América Latina", em Cuadernos Americanos, México, 1993, v. 2, n. 38, pp. 69-91.

[4] Este item e os dois seguintes retomam reflexões apresentadas em Clarete Paranhos da Silva e Silvia F. de M. Figueirôa, "Subsídios para o uso da História das Ciências no ensino", em Revista Pedagógica, Campinas, 2006, n. 7, pp.49-53.

[5] Os termos "ciência" e "tecnologia" estão sendo empregados desta forma por facilidade de redação. Claro está que, a depender do período histórico, as palavras deveriam ser outras.

[6] Veja-se, por exemplo, os PCNEMS, p. 67: "Apontam-se como princípios estruturadores do currículo a interdisciplinaridade, a contextualização, a definição de conceitos básicos da disciplina, a seleção dos conteúdos e sua organização, as estratégias didático-pedagógicas."

SILVIA FIGUEIRÔA

[7] Clarete P. da Silva, "Visões de ciência em livros de História utilizados na rede oficial do Estado de São Paulo", em Cadernos de Resumos do VIII Congresso Estadual Paulista sobre Formação de Educadores, Águas de Lindoia, São Paulo, Unesp, 2005, p. 214.

[8] Carlos Z. Camenietzki, "Problemas de História da Ciência na época colonial: a Colônia segundo Caio Prado Jr.", em Ana Maria R. de Andrade (org.), Ciência em perspectiva: estudos, ensaios e debates, Rio de Janeiro, MAST / SBHC, 2003, pp. 102 e 105.

[9] Reijer Hooykaas, A religião e o desenvolvimento da ciência moderna, Brasília, Editora da UnB/Polis, 1988, p. 16.

[10] Nicolau Copérnico, Des révolutions des orbes célestes, trad. Alexandre Koyré, Paris, Felix Alan, 1934, p. 45.

[11] Francis Bacon, The works of Francis Bacon, London, R L. Ellis/J. Spedding/D. D. Heath, 1857-92, v. 3, p. 359.

[12] James A. Connor, A bruxa de Kepler: a descoberta da ordem cósmica por um astrônomo em meio a guerras religiosas, intrigas políticas e o julgamento por heresia de sua mãe, trad. Talita M. Rodrigues, Rio de Janeiro, Rocco, 2005.

[13] Voltaire, Elementos de la filosofía de Newton, trad. Antonio Lafuente e Luis Carlos Arboleda, Cali, Universidad del Valle, 1996, p. 9.

[14] Alex G. Varela, Juro-lhe pela honra de bom vassalo e bom português: análise das memórias científicas de José Bonifácio de Andrada e Silva, São Paulo, Annablume, 2006, p. 19.

[15] Idem, p. 244.

Meio Ambiente

Carlos Renato Carola

Por uma nova forma de pensar

Sedimentou-se na cultura ocidental, a partir do século xviii principalmente, um modelo explicativo de ver e ordenar a história com base em três poderosas ideologias: civilização, progresso e evolução. De certa forma, elas ainda dominam o pensamento intelectual no Ocidente.

A ideia de "civilização" preconiza uma suposta superioridade cultural de uma sociedade em relação a outras. A ideologia moderna de "progresso" exalta o desenvolvimento econômico e tecnológico como indicador inquestionável do avanço definitivo da cultura humana sobre as forças e recursos da natureza. E o sentido de "evolução" – que primeiramente expressava o desenvolvimento progressivo de espécies do mundo natural, conforme a teoria darwinista do século xix – transitou rapidamente para o mundo social humano e estabeleceu uma hierarquia entre culturas, sociedades e instituições.

Documentos e textos históricos produzidos principalmente a partir do século xviii descrevem e analisam a história da sociedade humana tendo como parâmetro analítico o modelo das grandes civilizações, revelando seu desprezo pelas culturas que consideram de baixo nível civilizatório. Sob a ótica da civilização, do progresso e do sentido de evolução, desenvolvem uma História que explica o nível de dominação, transformação e domesticação por parte da sociedade dos homens sobre o que se considera o mundo da natureza. Assim, a história de povos e sociedades é hierarquicamente descrita a partir de uma escala civilizatória que caracteriza a capacidade de domínio tecnológico de uma sociedade em relação ao mundo da natureza e o seu predomínio sobre outras sociedades. Trata-se de uma narrativa histórica que tem como indicadores de evolução o desenvolvimento da cultura material (estradas, meios de transportes, edificações etc.), a cultura visual e simbólica (escultura, arquitetura, pintura, música), o índice populacional (pequeno, médio e grande), o modelo de Estado, os instrumentos de guerra, entre outros. Nesse formato de História, tanto os povos primitivos da "pré-história" como os povos indígenas da América e da Oceania, além dos povos africanos, orientais e asiáticos, aparecem na escala inferior do processo evolutivo, e o mundo natural aparece apenas como um "recurso" ou um "empecilho" no caminho da civilização.

Depois que a teoria da evolução biológica de Darwin foi aceita e assimilada pela comunidade científica, para muitos o termo "evolução" tornou-se sinônimo de progresso, avanço e aperfeiçoamento. A maioria dos cientistas começou a usar a "escala da evolução" para identificar e explicar o desenvolvimento das espécies numa hierarquia organizada numa trajetória linear e ascendente, partindo da fase menos evoluída para a suposta fase mais evoluída. Nesse modelo de escala, a história natural da espécie humana também foi enquadrada na escala temporal ascendente. No século xx, a caracterização mais ilustrativa da visão evolucionista pôde ser vista nos manuais didáticos que se difundiram nos espaços educacionais dos países ocidentais, onde se cristalizou a clássica imagem que mostra a evolução humana a partir de nossos ancestrais mais primitivos, ou seja, os primatas. Interessante observar a concepção de natureza revelada nessa imagem clássica: o patamar inferior da escala da evolução humana representa a fase em que o homem primitivo está intrinsecamente inserido no meio natural; à medida que ele vai se distanciando do mundo natural, vai ganhando *status* de mais evoluído.

Mas isso não é tudo. O sentido moderno do conceito de evolução nos remete à noção de que a espécie mais evoluída é aquela que tem o poder de dominar ou destruir as espécies consideradas inferiores. Essa forma de conceber a evolução estimula e legitima processos de dominação não somente em relação às espécies não humanas, mas também em relação a culturas humanas que são qualificadas de primitivas, inferiores, selvagens ou bárbaras.[1]

No entanto, a crise ambiental do mundo globalizado do século XXI revela a ilusão e as contradições ecodestrutivas da racionalidade moderna que, no limite, colocam em risco a própria vida no planeta Terra. A consciência da dimensão global da crise ambiental impôs um desafio de vida ou morte para as gerações do século XXI, um desafio que nos obriga a pensar e agir de modo radicalmente diferente.

A História diante da crise ambiental

A crise ambiental é o efeito trágico de um modelo de "civilização" pautado por uma racionalidade que privilegia os ganhos econômicos e se baseia em arsenais de ponta produzidos pela ciência e tecnologia. Em outras palavras, a crise é fruto de um modo de pensar que permite que os homens intervenham no meio ambiente de maneira deletéria superexplorando a natureza e discriminando modos de vida alternativos. Nas palavras de Enrique Leff (doutor em Economia do Desenvolvimento pela Sorbonne e professor da Universidade Autônoma do México): "o conhecimento tem desestruturado os ecossistemas, degradado o ambiente, desnaturalizado a natureza".[2]

Nesta perspectiva, a História (ciência) marcada pela linha de pensamento anteriormente descrita também é coautora da crise ambiental. Entretanto, tal como as outras áreas da ciência moderna, a História foi desafiada a fazer sua autocrítica e contribuir para a solução deste que é hoje um dos maiores dilemas da humanidade. A reflexão mostrou que a questão ambiental deveria ser estudada do ponto de vista histórico a partir de novos parâmetros.

A gravidade e a amplitude do problema acabaram motivando um novo campo de estudo. Surgiu então a História Ambiental. Essa

Novos temas nas aulas de História

nova especialidade da ciência histórica começa a se projetar a partir da década de 1970, juntamente com o recrudescimento do movimento ambientalista e com a divulgação dos estudos científicos que evidenciam a crise ambiental mundial. Seu objetivo primordial é "aprofundar o nosso entendimento de como os seres humanos foram, através dos tempos, afetados pelo seu ambiente natural e, inversamente, como eles afetaram esse ambiente e com que resultados".[3]

Os pesquisadores da área de História Ambiental lidam basicamente com três níveis de **questões**:[4]

- como a natureza se formou e se organizou no passado, incluindo os aspectos inorgânicos e orgânicos, ou seja, a formação geológica da Terra, a formação dos ecossistemas, dos seres vivos e, inclusive, da espécie humana;
- quais as formas de apropriação do ambiente natural e os diversos instrumentos de trabalho que os povos desenvolveram para produzir bens a partir de recursos naturais;
- quais percepções, valores éticos, leis, mitos e representações se tornam parte do diálogo de um indivíduo ou de um grupo com a natureza.

E qual a **metodologia** que os historiadores ambientais utilizam? Geralmente os estudos de História Ambiental, principalmente os que seguem a escola norte-americana:[5]

- focalizam uma região com alguma homogeneidade ou identidade natural;
- estabelecem um diálogo sistemático com as Ciências Naturais;
- identificam e diferenciam estilos civilizatórios e os modos de apropriação dos recursos naturais de distintos grupos humanos;
- utilizam uma grande variedade de fontes de pesquisa: obras de literatura, filosofia, religião e ciência em suas diversas especialidades; fontes tradicionais da História Econômica e Social, como relatórios de governo, censos populacionais, dados estatísticos de recursos naturais, dados estatísticos da agricultura e das atividades comerciais, legislação etc;

CARLOS RENATO CAROLA

relatos de naturalistas e viajantes estrangeiros; memórias, mitos e lendas coletados diretamente por meio da História Oral ou mediante diálogo com outras áreas da ciência que tradicionalmente trabalham com as tradições orais, como a Antropologia e Etnografia;

- costumam fazer trabalho de campo: "viajam aos locais estudados e usam as suas observações pessoais sobre paisagens naturais, clima, flora, fauna, ecologia e também sobre as marcas rurais e urbanas que a cultura humana deixa nessas paisagens".[6]

A nova História Ambiental adquiriu rapidamente reconhecimento acadêmico. Os historiadores ambientais realizam regularmente eventos científicos e divulgam seus trabalhos em publicações internacionais, estabelecendo um diálogo entre pesquisadores de diversos países. Além disso, elegem como interlocutores especialistas de outras áreas do conhecimento, não somente os filósofos, sociólogos e antropólogos, mas também recorrem aos "geógrafos, geólogos, estudiosos do clima, biólogos, químicos, agrônomos, e muitos outros".[7]

A inquietação que levou muitos historiadores a se voltarem para a questão ambiental – mostrando mais uma vez que "a produção do conhecimento histórico se faz em sintonia com o seu próprio tempo"[8] – afetou inclusive o Brasil. E também em nosso país a História Ambiental já é uma especialidade de prestígio.

Se, bem ou mal, o tema da natureza sempre teve um espaço na análise histórica, o que, então, muda com o desenvolvimento da nova especialidade? Uma diferença, entre outras, é que, a partir da década de 1970, ela incorporou e explicitou a vontade de contribuir para o enfrentamento da crise ambiental. Uma das maiores contribuições da História Ambiental[9] é mostrar às pessoas que nunca houve uma atitude única dos homens em relação ao meio natural; o homem não é um ser naturalmente destrutivo nem "essencialmente" predisposto a aderir às causas ecológicas. Sua relação com o meio ambiente muda ao longo da história. Sendo assim, é fácil deduzir que uma nova consciência ecológica pode deter a crise ambiental atual e modificar as relações que os homens estabelecem com o meio ambiente.

O historiador Marcos Lobato Martins explica que:

> a História Ambiental tem como objetivo colocar a sociedade na natureza. Dito de outra forma, ela quer conferir às "forças da natureza" o estatuto de agente condicionador ou modificador da cultura, atribuir aos componentes naturais "objetivos" a capacidade de influir significativamente sobre os rumos da história.[10]

Paulo Henrique Martinez, outro historiador, define a História Ambiental como "uma abordagem das questões ambientais no tempo e que encontra no meio ambiente o seu objeto de investigação". E lembra que: "o meio ambiente não constitui um objeto de estudo exclusivo da História e demais Ciências Sociais, como a Geografia ou Antropologia", mas também "comporta múltiplas abordagens interdisciplinares, um domínio do conhecimento comum também às Ciências Físicas e Biológicas".[11]

A História Ambiental pretende restituir a "unidade supostamente perdida entre natureza e humanidade". Assim, ela parte da premissa que os sistemas sociais estão submetidos a trajetórias indissociáveis dos processos evolutivos dos ecossistemas e, portanto, estudam a sua inter-relação e "coevolução".[12]

No âmbito do **ensino**, a História Ambiental pode se constituir numa importante ferramenta para a educação ambiental. Por meio dela podemos:

- compreender as relações entre cultura e natureza que se desenvolveram em distintas épocas e lugares;
- perceber que tanto as representações de natureza quanto as relações estabelecidas com o ambiente natural por parte de diversos povos e culturas são muito mais diversas e distintas do que geralmente se supõe;
- observar a espécie humana como *uma* das espécies constitutivas da natureza, cuja possibilidade de existência só é possível numa "relação de interação", e não de destruição ou exploração do meio natural.

Para ensinar e fazer História Ambiental, o professor deve apenas seguir as premissas básicas do bom educador: estudar e pesquisar;

assimilar e problematizar conceitos; manter-se atualizado por meio de leituras e participação em eventos e, principalmente, procurar desenvolver projetos de pesquisa visando conhecer a história da sua escola, comunidade ou país relacionada ao ambiente natural.

Conceitos e representações de natureza

A dinâmica da modernidade é tão veloz e perturbadora que a nossa percepção do tempo está cada vez mais diluída num horizonte muito limitado (talvez por isso tenha surgido a expressão popular "memória curta"). A difusão sistemática de diversos estudos que revelam a dimensão da crise ambiental em escala planetária cristalizou uma visão limitada sobre os problemas ambientais na história da humanidade, dando a entender que eles são muito recentes.

Na verdade, dilemas ambientais, sensibilidades e representações sobre o mundo da natureza têm uma longa história e existem em diferentes épocas e lugares. Encontram-se, por exemplo, nas culturas e civilizações antigas. Como os historiadores sabem disso? Por meio de obras e vestígios históricos, arqueológicos, geológicos e antropológicos de épocas remotas e de lugares onde se desenvolveram essas civilizações antigas. Obras escritas, pinturas, literatura, arquitetura e esculturas da Antiguidade revelam que as pessoas produziram conhecimentos, conceitos e representações que orientavam sua relação com o ambiente natural. Uma cidade, por exemplo, não era simplesmente edificada em lugar desconhecido; os critérios de escolha do local se baseavam no conhecimento prévio sobre a natureza daquele espaço, ou seja, levavam em consideração as potencialidades dos recursos hídricos, a fertilidade do solo e muitos outros aspectos que podiam envolver até questões religiosas.

A seguir, veremos alguns exemplos históricos de representações sobre o meio ambiente.

Filósofos da Grécia Antiga

De um modo geral, a cultura grega antiga evidencia um apreço especial pela natureza cujas representações do mundo na-

NOVOS TEMAS NAS AULAS DE HISTÓRIA

tural podem ainda hoje ser conhecidas e estudadas. Na literatura, há diversas descrições de paisagens naturais, rios, vales, montanhas, oceanos, florestas etc. A mitologia grega é repleta de representações do mundo animal. Praticamente todos os filósofos gregos conhecidos especularam sobre os mistérios da natureza.

Para a História Ambiental, estudar o universo cultural da Grécia Antiga não significa cair na tradicional postura de exaltá-la como se fosse o berço esplêndido da civilização humana. Os objetivos dos historiadores ambientais são outros, entre eles está o de compreender as concepções de natureza do mundo grego antigo.

Algumas dessas concepções foram importantes para sedimentar a estrutura mental do mundo moderno, que procurou desenvolver conhecimentos para capacitar o homem a "dominar a natureza" – e que teriam, por sua vez, justificado a postura predatória que chega até nossos dias e que é responsável pela atual crise ambiental.[13]

A cultura moderna assimilou *determinados* elementos da cultura grega antiga e deu a eles uma nova roupagem. O que os gregos chamaram de pensamento racional ou científico, em oposição a pensamento mitológico ou pré-científico, os modernos, radicalizando, consideraram um pensamento mais evoluído, superior. Isso levou à ideia equivocada de que passado é sempre algo atrasado, inferior e pior; e que o moderno, o progresso, o "futuro" são sempre desejáveis e devem ser atingidos a qualquer custo. Para observar a história, nós temos que tentar escapar desses preconceitos.

Voltando aos gregos, sabemos que eles desenvolveram muitas ideias importantes sobre a natureza para além das que foram apropriadas na modernidade (algumas até se tornaram senso comum), como a perigosa visão aqui apresentada.

Os filósofos gregos colocaram questões como: "O que é a natureza?", "O que é o homem?", "O que é o animal?", "Como surgiu ou quem criou o universo?".

Na chamada fase pré-socrática, os filósofos pensaram muito sobre os elementos vitais do mundo natural – fogo, água, terra e ar – e desenvolveram explicações e visões de mundo ligadas a eles. Na era clássica, tentaram compreender o meio natural de forma racional, mais científica, tanto que sua expressiva produção cultural sobre os componentes da natureza acabaria influenciando as áreas do conhecimento hoje chamadas de Biologia, Botânica, Zoologia, Astronomia, Física, entre outras.[14]

> O pensador grego Anaximandro buscou entender como os homens primitivos sobreviveram em épocas em que havia um domínio dos animais não humanos. Anaximandro fez especulações sobre a origem e evolução dos primeiros animais, inclusive do homem; postulou a ideia de que no princípio da existência a espécie humana possuía características semelhantes às do peixe.
>
> Empédocles era um misto de filósofo, poeta e curandeiro. Tentou entender e explicar os princípios essenciais da vida por meio da doutrina dos quatro elementos (água, fogo, ar e terra), o que exerceu forte influência no pensamento de Platão e Aristóteles. Ele também desenvolveu estudos insipientes sobre a "seleção natural".
>
> Entre os pré-socráticos, Tales de Mileto foi considerado por Aristóteles como o fundador da "Filosofia Natural" por desenvolver explicações mais racionais diferentemente do pensamento mítico de seus antecessores e contemporâneos. Tales de Mileto postulava a crença de que todas as coisas se originavam da água.
>
> Heródoto explicitou uma noção de equilíbrio ecológico observando a relação entre presas e predadores.
>
> Platão tentou descobrir a origem das espécies e criou uma forma de classificar os animais.
>
> Teofrasto é considerado por cientistas modernos o "pai" da Ecologia, por ter registrado observações que evidenciam uma visão sistêmica do ambiente natural. Na sua obra *Metafísica* e nas *Investigações sobre as plantas*, encontram-se princípios e conceitos básicos dessa área da ciência.
>
> Alcméon ganhou o *status* de "pai da Biologia" por ter desenvolvido estudos sobre as espécies animais, diferenciando a espécie humana de todas as outras em função de sua capacidade de pensamento. Também postulou a teoria de que a saúde é resultado de uma

relação de equilíbrio e harmonia entre os quatro elementos estudados por Empédocles.

Hipócrates procurou demonstrar a influência dos elementos geográficos na cultura e caráter de um povo; fez comparações entre a Ásia e a Europa afirmando, por exemplo, que na Ásia tudo era mais belo e maior, e que o caráter dos homens era "mais ameno e mais afável", porque predominava uma mistura de estações; a mesma causa é atribuída para explicar a falta de ânimo e coragem dos asiáticos em comparação aos europeus, estes mais aptos para a arte da guerra. (Seu "determinismo geográfico" só foi criticado muito mais tarde, por cientistas do século xx.)

Estrabon produziu cerca de 17 livros sobre a geografia do mundo antigo. Em suas obras aparecem descrições sobre características climáticas, relevo, hidrografia, história e aspectos culturais da Ásia, Europa e África.

Aristóteles, um dos filósofos mais influentes do mundo ocidental, deixou um expressivo conjunto de obras na área de Biologia e Zoologia; escreveu um tratado de História Natural dos animais (em que descreveu e classificou mais de quinhentas espécies de animais em dois grandes grupos: com sangue e sem sangue) que acabou servindo de base para a forma de ver e classificar animais, desenvolvida posteriormente por cientistas ocidentais e em voga por cerca de dois mil anos. Exerceu grande influência na Biologia e Zoologia modernas.

Campo e cidade: realidades e representações

A época helenística da Grécia Antiga é caracterizada como um período de expansão e difusão da cultura grega pela região do Mediterrâneo e Ásia Central, época de Alexandre "o Grande", época de encontro de grandes tradições cultuais, de formação de grandes cidades e de desenvolvimento das ciências. Esse é o cenário que geralmente aparece nas enciclopédias tradicionais. O que não aparece nelas, no entanto, é o custo ambiental e social desse modelo civilizatório que costuma ser tão exaltado.

De um modo geral, a cultura moderna, assim como a cultura dominante das civilizações antigas, escolheu a cidade como *locus* natural do homem civilizado. A cidade é o espaço em que a cultura humana potencializa e concentra todo o seu poder de criação e transformação; é onde se edificam as obras arquitetônicas mais monumentais; espaço de convergência e atração de tradições culturais diversas; lugar onde mais se desenvolvem as artes e as especialidades da criação humana: filosofia, ciências, literatura, tecnologia, pintura, escultura, arquitetura, engenharia etc. Diferentemente do meio rural, onde a relação entre cultura e natureza se estabelece num confronto direto, na cidade, os cidadãos se realizam com a sensação de conforto e distanciamento dos incômodos do ambiente natural. A vida urbana exprime o modo de ser e viver do homem civilizado, o homem que idealizou uma forma de vida não somente divorciada da natureza, mas que alenta uma busca incessante para dominá-la, transformá-la e até mesmo ser capaz de destruir aquilo que julga representar um risco à sua sobrevivência ou ao desenvolvimento.

Alexandre Magno (século IV a.e.c.), discípulo de Aristóteles, mostra-se fascinado pela ideia de construir sua própria cidade. Sua marcha imperialista em direção ao Oriente deixou um vasto rastro de destruição. Mas em seus novos domínios também usou seu poder de soberano destemido para construir obras e conhecimento. Depois de dispersar o poder dos persas e conquistar o Egito, projetou a construção da cidade de Alexandria, porém não teve tempo em vida para vê-la terminada.

Nos reinados que sucederam o de Alexandre (Ptolomeu I e II), a ciência grega conheceu uma nova fase de desenvolvimento. Sábios, poetas, filósofos e cientistas usufruíram da maior biblioteca do mundo antigo e do Museu de Alexandria, um centro de investigação científica constituído por jardim botânico, jardim zoológico, salas de dissecação e um observatório.

Entretanto, em que pesem as importantes descobertas realizadas nesse monumental *campus* de estudo filosófico e científico da Antiguidade, a produção de conhecimento sobre o mundo natural estava subordinada aos imperativos do poder político dos soberanos.

Novos temas nas aulas de História

Nessa época também já se concebia a ilusão de que era possível pensar a ciência como instrumento de conhecimento sobre a natureza para fins econômicos e políticos sem que houvesse consequências negativas dessa postura.

Geralmente, a cidade-Estado cosmopolita do mundo antigo é caracterizada como a expressão mais evoluída das grandes civilizações do passado. Atualmente, no entanto, a História Ambiental revela, tanto a partir de fontes tradicionais como de novas evidências, que, entre as principais causas da decadência e do desaparecimento de culturas, cidades e civilizações antigas, há razões de ordem ecológica e simbólica. O modelo de organização das cidades-Estado era política e ecologicamente insustentável, por isso não é de se estranhar que com relação à Antiguidade possamos constatar problemas ambientais ou "crises ambientais".

O historiador Frederick Turner, por exemplo, ao tratar da decadência do Império Romano, menciona um conjunto de indicadores, entre os quais observamos problemas ambientais: invasões "bárbaras", deterioração da economia, crise moral, corrupção generalizada, surgimento de novas seitas religiosas, difusão de *epidemias desconhecidas*, alto custo social e *ambiental* para sustentar um exército gigantesco.[15]

Embora muitos pensadores acreditassem que a intervenção humana pudesse aperfeiçoar as deficiências da natureza e alimentassem a ilusão de que o homem fosse capaz de controlar todas as forças naturais, outros já manifestavam preocupações em relação às consequências provocadas por transformações imprudentes do meio ambiente.

Utopias rurais

O desequilíbrio ecológico existente em sua época fez com que os antigos desenvolvessem manifestações culturais que expressavam sua sensibilidade com relação ao assunto e até uma certa crítica às intervenções do homem no mundo que o cercava.

O surgimento da poesia bucólica é um exemplo disso. Esse gênero artístico desenvolveu-se quando "as grandes cidades cosmopolitas da época helenística" começaram a substituir "as pequenas cidades-Estado da Grécia". Elogiava as "virtudes da antiga vida agrícola", da harmonia da vida no campo em oposição à agitação e aos problemas da vida nas grandes cidades.[16] A literatura bucólica antiga criou a ideia de um mundo paradisíaco perdido. Desenvolveu uma representação da realidade idealizada, colorida e harmônica. O ideal da vida no campo se manifestou por meio de uma representação de tranquilidade, inocência, abundância e possibilidade de refúgio.

Esse ideal seria resgatado no século XVIII e XIX nas representações românticas da vida rural. "O campo passou a ser associado a uma forma natural de vida – de paz, inocência e virtudes simples".[17] Nas recriações da imaginação, os poetas, ou mesmo os relatos históricos, esqueciam ou excluíam as condições concretas de existência dos trabalhadores do campo.

> Os homens e mulheres que criam os animais e os levam até a casa [do grande proprietário rural do século XVIII e XIX], que os matam e preparam sua carne; que plantam, estrumam, podam e colhem frutos – essas pessoas estão ausentes; o trabalho é todo feito por uma ordem natural. Quando por fim aparecem, é apenas sob forma de "campônios em alegre bando" ou, mais simplesmente, de "muitos pobres", e o que nos é mostrado então é a caridade [...] com que lhes é dado aquilo que, agora e de algum modo, não eles, mas a ordem natural, entregou nas mãos do senhor em forma de alimento.[18]

Todas as tradições são seletivas. A tradição bucólica, que idealiza a vida no campo, também o é. Raymond Williams – e muitos historiadores ambientais concordam com ele – acredita que é preciso acabar com esse "blefe" em favor de uma representação mais fiel da realidade, pois a exploração abusiva do homem e da natureza acontece tanto na cidade como no campo.

Utopias urbanas

Conscientes de que o campo não era o paraíso, mas também insatisfeitos com a vida urbana e seus inúmeros problemas ambientais, alguns pensadores e escritores desenvolveram imagens de cidades ideais, repletas de qualidades consideradas positivas. Essas

Novos temas nas aulas de História

imagens foram mudando ao longo da história, acompanhando as mudanças nas sociedades nas quais eram engendradas, já que as concepções de natureza e as sensibilidades relativas à interação do homem com seu meio ambiente variam em cada cultura, época e lugar.

As utopias urbanas não deixam de ser uma forma de cada grupo ou sociedade enfrentar os problemas ambientais pensando em alternativas. Ao estudá-las, podemos conhecer um pouco mais sobre as próprias pessoas que as criaram ou se agarraram a elas e, por contraposição, sobre os problemas urbanos concretos que incomodavam essas mesmas pessoas em uma época determinada. Assim, as utopias urbanas – tradição em que o imaginário humano explicita modelos de sociedades idealizadas – são fontes valiosas para conhecer o passado.

> Nos diálogos de Platão, por exemplo, a imaginária Atlântida é tida como uma cidade de formato concêntrico, recortada por canais, de arquitetura bela e deslumbrante, ornamentada com mármore, ouro e prata. No centro da cidade há um templo dedicado ao deus Poseidon. Seus habitantes, os atlântidas, são profundos conhecedores das artes da guerra, da política, da ciência e da filosofia. Platão conta que, quando o povo se torna corrupto e ambicioso, os deuses resolvem evocar as forças da natureza (terremoto e ondas gigantes) e destroem a cidade.
>
> (Platão manda aqui uma mensagem implícita a seus contemporâneos. Para fins didáticos, o professor de História pode indagar aos seus alunos: qual seria essa mensagem, ou, em outras palavras, que visão de natureza aparece nos escritos desse filósofo?)

> Na *Utopia* (1516) do humanista inglês Thomas More, o autor apresenta detalhes surpreendentes sobre a cidade de Amaurota, uma das 54 cidades descritas em sua obra. A descrição evidencia uma preocupação em estabelecer uma relação harmônica entre o ambiente natural e o cultural. A cidade de Amaurota "se estende em doce declive sobre a vertente de uma colina"; acima

186

do cume da colina, ela se prolonga "cerca de dois mil passos sobre as margens do rio Anidra" que atravessa a cidade e desemboca no mar. Entre a cidade e o mar, o curso do rio se modifica singularmente. Durante a maré crescente, o mar invade o leito do rio jorrando parte de sua "vaga salina" amarga, mas, aos poucos, o Anidra se purifica e leva "à cidade água doce e potável, e a reconduz inalterada até perto de sua embocadura, quando a maré baixa".[19] As ruas e praças de Amaurota configuram um ideal de planejamento urbano em que os elementos da natureza recebem uma atenção cuidadosa. Elas são "convenientemente dispostas, seja para o transporte, seja para abrigar-se do vento". Os jardins aparecem como um costume singular, saudável e comum entre os habitantes. Cada casa possui duas portas, uma que abre em direção à rua e outra em direção ao jardim. Os moradores cuidam de seus jardins com desvelo, cultivam "a vinha, os frutos, as flores e toda a sorte de plantas". Nas palavras de um personagem, os habitantes têm tanto gosto e ciência por essa arte "que jamais vi em outra parte maior fertilidade e abundância, combinadas num conjunto mais gracioso." A cultura do jardim é uma arte apreciada a ponto de haver uma competição – estimulada e consentida – entre os moradores dos quarteirões da cidade, com o propósito de fazer o jardim "mais bem cultivado".[20]

(Numa época em que os habitantes das mais importantes cidades europeias viviam em condições precárias de higiene, em que os dejetos eram despejados nas ruas, os ratos disputavam espaços e alimentos com as pessoas, as moradias eram em geral mal iluminadas, abafadas no verão e insuficientemente aquecidas no inverno, a utopia de Thomas More contempla justamente cidades limpas, saudáveis e bem planejadas, num contraste revelador.)

Em *Nova Atlântida*, obra publicada postumamente em 1627, o filósofo britânico Francis Bacon idealizou um modelo de sociedade que caracteriza muito bem o espírito renascentista de sua época. Bacon atribui um lugar privilegiado, de soberania, à ciência e à técnica.

Sua fábula retrata uma sociedade em que ciência e técnica são instrumentos usados racionalmente para conhecer, dominar, domesticar e explorar a natureza em prol das necessidades humanas. Bacon merece o título de "o profeta do progresso tecnológico", pois em sua Nova Atlântida nada é mais importante do que a ciência e a técnica; técnicos são mais importantes do que filósofos, teólogos, humanistas, educadores e sacerdotes. Nada é mais relevante do que a técnica e a ciência, o conhecimento para fins práticos. Diferentemente da Atlântida de Platão, na Nova Atlântida de Bacon, a felicidade, o bem-estar e o progresso da humanidade são alcançados mediante o controle técnico-científico da natureza. A ciência é concebida como instrumento de investigação empírica para conhecer e dominar as forças e potencialidades da natureza em benefício da cultura humana. Assim, a classe nobre de Nova Atlântida é composta pelos cientistas e habita a chamada Casa de Salomão, o "farol" do reino. A Casa de Salomão, além de ser um local de moradia, é também um local de desenvolvimento de pesquisas, uma espécie de "templo" da tecnociência dos "sacerdotes do conhecimento", cuja finalidade "é o conhecimento das causas e dos segredos dos movimentos das coisas e a ampliação dos limites do império humano para a realização de todas as coisas que forem possíveis".[21]

(Nada muito diferente das ambições implícitas ou explícitas dos cientistas da modernidade ocidental, só que numa época em que esses ideais de ciência ainda lutavam para firmar-se no pensamento dominante.)

Fontes para a História Ambiental

As fontes disponíveis para ensinar e fazer História Ambiental são amplas e variadas. São muitos os documentos e obras na forma impressa e outros tantos na modalidade eletrônica.

Na história do pensamento ocidental, concepções de natureza estão presentes em praticamente todas as obras clássicas que caracterizam a mitologia grega e a filosofia greco-romana. Na tradição judaico-cristã, o mundo natural está bem representado na Bíblia, começando pelo texto do "Gênese", e também nas obras de alguns teólogos medievais.

Na chamada Idade Moderna, os renascentistas se inspiram na Antiguidade fazendo renascer sensibilidades e ideologias que expressam sua visão sobre o mundo natural por meio das artes, por exemplo. Nos século XV e XVI, os europeus representaram o "Novo Mundo" ora como uma espécie de "Jardim do Éden", ora como um mundo "primitivo selvagem" a ser dominado pelos "civilizados" europeus. No tempo do Iluminismo e no início da sociedade industrial, fisiocratas, liberais e socialistas tentaram explicar a origem da riqueza das nações analisando a relação entre sociedade e natureza.

No século XIX, a associação do campo como uma forma natural, pacífica e simples de vida conviveu com imagens da cidade como lugar de barulho, mundanidade e ambição. Porém, nessa mesma época, havia também os que pensavam a cidade como o centro de realizações, de saber, de comunicações, de luz, enquanto o campo era tido como lugar de atraso, ignorância e limitação.[22]

Na história do Brasil, a representação do mundo natural aparece de forma exuberante nas primeiras crônicas portuguesas que descrevem um território que, primeiramente, foi batizado com o nome de Vera Cruz, mas que em pouco tempo recebeu um nome mais apropriado em função de uma de suas riquezas naturais. No estudo da primeira fase de ocupação portuguesa, podemos recorrer à famosa carta de Pero Vaz de Caminha, às correspondências do padre Manoel da Nóbrega e do padre José Anchieta, aos escritos de Pero de Magalhães de Gândavo, de frei Vicente do Salvador e do padre Antonio Vieira e aos relatos de Jean de Léry. Para os séculos XVIII e XIX, são fontes importantes de pesquisa os relatos dos viajantes naturalistas, como Saint Hillaire e Langsdorff, e os retratos, desenhos e pinturas de Johann Moritz Rugendas, Jean-Baptiste Debret, Spix e Martius. Todos juntos deixaram um testemunho documental sobre a fauna e a flora brasileira de valor inestimável.

No âmbito da administração da América Portuguesa também se produziu um significativo acervo documental em que podemos encontrar informações interessantes sobre as riquezas naturais da

Novos temas nas aulas de História

América, pois, em função da lógica do sistema colonial e da mentalidade mercantilista (que necessariamente precisava conhecer as riquezas naturais para transformá-las em recursos), praticamente todos os relatórios oficiais das capitanias incluíam uma parte descritiva das possibilidades dos "três reinos da natureza". Os colonizadores no Novo Mundo desejavam não somente explorar recursos minerais, como o ouro e a prata, considerados os mais nobres, mas também aproveitar-se dos recursos do reino animal e vegetal com algum valor comercial no mercado internacional. Assim, instituíram a prática de identificar e descrever minuciosamente as riquezas naturais dos ambientes geográficos conquistados e propagaram os estudos dos recursos naturais para fins comerciais.

O contexto da Independência também impulsionou uma significativa produção documental e literária sobre o mundo natural brasileiro. No século XIX e início do XX, à medida que se organiza a Monarquia imperial e, mais tarde, a Primeira República, as elites intelectuais identificam a necessidade de se forjar uma identidade brasileira que dê respaldo ao Estado nacional. Desenvolvem então vários estudos preocupados em definir "o tipo brasileiro". Nesses estudos, a relação entre sociedade e ambiente natural ocupa um espaço central, pois, para seus autores, muito das raízes identidárias dos brasileiros encontra-se na natureza nativa. Por essa época, produziram obras que se tornaram clássicos da historiografia brasileira. Entre elas podemos citar os escritos de Varnhagen, de Capistrano de Abreu e de Euclides da Cunha, e mais tarde os de Gilberto Freyre, Sérgio Buarque de Holanda e Caio Prado Júnior. Na literatura brasileira, a natureza ou o meio natural aparece de forma marcante nas obras de Gonçalves Dias, Bernardo Guimarães, José de Alencar, Monteiro Lobato e José Lins do Rego, entre outros autores.

Para estudar épocas mais recentes, a História Ambiental utiliza-se de informações coletadas em obras autobiográficas ou nas várias formas de resgate da memória, individual e coletiva, que trazem à tona recordações sobre animais, matas, caçadas, pescarias, aventuras, em ambientes ainda selvagens e tantos outros cenários modificados ou não com o tempo. Uma ampla variedade de livros de memória, produzidos em épocas diferentes e por tipos distintos de indivíduos, fornece um material riquíssimo sobre o assunto. Fontes visuais que cristalizaram num determinado momento uma paisagem natural – seja numa fotografia, numa pintura, numa representação cartográfica – também são valiosíssimas para o estudo da História Ambiental.

Como vimos anteriormente, ao longo dos tempos, pensadores, escritores e artistas produziram obras que explicitam diferentes visões da sociedade humana em relação ao mundo da natureza. Assim, mitologia, escritos filosóficos, documentos religiosos, relatos de viajantes e naturalistas, obras históricas, obras de arte e literatura, de modo geral, estão à espera de um novo olhar investigativo voltado para a historicidade da questão ambiental.

"Luz. Câmera. Ação": História Ambiental no cinema

O cinema é uma das invenções mais significativas e sedutoras do mundo moderno. Entretanto, por mais fascinante que seja, é importante não esquecer que, por trás de um bom ou péssimo filme, pode haver uma poderosa indústria cinematográfica movida por interesses econômicos, políticos e culturais. Por outro lado, conceber o cinema apenas como um "setor industrial" seria incorrer numa visão ingênua ou reducionista. Em se tratando de uma produção da cultura humana, o cinema também incorpora e reflete a complexidade e as contradições da sociedade. Por isso, há diretores, por exemplo, que se propõem a produzir filmes movidos por utopias, por valores éticos e artísticos; há produtores e atores sensibilizados com questões sociais e ambientais. O cinema, portanto, não pode ficar fora da sala de aula. Ao utilizar filmes como recurso didático, o professor deve fazer suas escolhas e criar estratégias para superar a "monocultura", em busca da diversidade cultural e da biodiversidade representada nas telas do cinema produzido em diversos países.

Desde o início do século xx, muitos diretores e cineastas fizeram uso da História para produção de filmes com temas históricos. A História e os historiadores, no entanto, apenas tomaram o cinema como objeto de estudo na segunda metade daquele século, particularmente a partir da década de 1960, com as reflexões de Marc Ferro.[23] A partir de então, os historiadores começaram a indagar as

NOVOS TEMAS NAS AULAS DE HISTÓRIA

possibilidades do cinema como fonte histórica, ou seja, analisar filmes como um documento que contém informações, visões, representações produzidas culturalmente num determinado contexto histórico.

Uma das abordagens possíveis é observar como o tema da natureza ou a sensibilidade ambiental são tratados pelo cinema. Perceber as concepções de natureza presentes em determinados filmes e cotejá-las com o contexto da época e da sociedade que o produziu. Um filme, por exemplo, pode ser analisado com alunos com o objetivo de provocar reflexões sobre a forma como ele retrata o que é "civilizado" e o que é "selvagem" ou "primitivo", como ele narra a "colonização", "a ocupação de terras", "a conquista espacial", a vida nos centros urbanos, o comportamento do homem diante dos animais etc.

Seguem abaixo, algumas indicações de filmes para fins didáticos no ensino de História Ambiental. Antes, porém, três observações:

- O uso de filme como recurso didático requer um cuidado metodológico específico, assim como uma estratégia e um roteiro previamente elaborados pelo professor.
- No ensino e na pesquisa, sabemos que a "contextualização" do tema de estudo é fundamental para compreendermos o processo histórico no seu tempo e espaço. Desse modo, sugiro demarcar uma divisão cronológica de produção cinematográfica, identificando filmes produzidos no período anterior e posterior a década de 1960, que é quando, como vimos, começa a se desenvolver e se difundir em nível mundial uma "sensibilidade ambiental". Usando o método da análise comparativa, confrontando filmes com temas iguais ou semelhantes produzidos em épocas diferentes, o professor pode estudar com os alunos as mudanças e permanências significativas da sociedade em relação a concepções de natureza e problemas ambientais.
- Como qualquer filme comporta múltiplas formas de interpretação, análise e reflexão, o professor pode selecionar ou destacar um conjunto de cenas de acordo com os seus objetivos pedagógicos, sem deixar, é claro, de apreciar o todo da obra.

CARLOS RENATO CAROLA

- *King Kong* (King Kong, dir. Merian C. Cooper, Estados Unidos, 1933 e dir. Peter Jackson, Estados Unidos, 2005)
Entre as diversas produções cinematográficas, há os clássicos que representam a relação entre o homem e os animais selvagens, também mostrados como "monstros". *King Kong*, por exemplo, possibilita uma análise comparativa entre as versões produzidas em épocas distintas, como a de 1933 e a de 2005, com o objetivo de perceber a mudança de sensibilidade ambiental. Os alunos podem ser instigados a refletir por que o "homem civilizado" sente desejo de dominar os animais considerados mais perigosos e ferozes, para fins de prazer, por interesses econômicos ou em função do medo que a "criatura" desperta. O filme também propicia uma discussão sobre a forma como a cultura ocidental representa o mundo selvagem. Pode estimular ainda um debate sobre o uso da tecnologia para explorar, controlar e, por fim, destruir o "monstro".

- *Moby Dick* (Moby Dick, dir. John Huston, Inglaterra/Estados Unidos, 1956)
Outro clássico interessante para observar a "História Ambiental no cinema" é *Moby Dick*. Aqui o professor tem a oportunidade de conciliar didaticamente duas tradições: clássicos da literatura com clássicos do cinema.[24] O filme, que é baseado na obra do escritor norte-americano Herman Melville (1851), conta a história de uma aventura de caça a baleias marcada pelo desejo obstinado de vingança do capitão Ahab contra Moby Dick, o cachalote branco que decepara uma de suas pernas. Mas a obra é muito mais do que um simples romance de aventura; é uma visão crítica sobre mundo civilizado. Ao estilo de Rousseau, Melville revela o lado mais cruel do homem branco e enobrece a figura do indígena, caracterizado no personagem Queequeg, um índio canibal, filho do rei de uma tribo dos trópicos que não existia nos mapas, que sonhava em conhecer as terras da cristandade. Através de Ishmael, o narrador, Melville explicita sua "sensibilidade ambiental" ao valorizar as virtudes de Queequeg em comparação com o homem civilizado e também no modo como narra a aventura da caça à baleia, caracterizando em detalhes o "espetáculo da carnificina" dessa atividade que, no século XIX, ganhou proporções industriais:

> Filetes vermelhos escorriam dos flancos do cetáceo ferido, como enxurros de lama dos morros. O pobre corpo torturado debatia-se, não mais em água do mar, mas em lago de sangue, o qual deixava atrás dele uma esteira de púrpura. O sol no caso dava rebrilhos àquele sangue espumejante e o reverberava contra o rosto dos marinheiros, avermelhando-os. Adiante de nós os esguichos do

monstro se sucediam como em aposta com os esguichos de fumo escapos da boca de Stubb. Cada lança arremessada e recolhida (vão presas a uma linha) era lançada de novo – depois de rapidamente endireitadas as pontas com alguns golpes de martelo sobre as bordas a servirem de bigorna.[25]

• *Planeta dos macacos* (Planet of the apes, dir. Franklin J. Schaffner, Estados Unidos, 1968, e dir. Tim Burton, Estados Unidos, 2001)
Ainda entre os filmes que abordam a relação entre seres humanos e animais, vale a pena ver o *Planeta dos macacos*, principalmente as versões de 1968 e de 2001. Além de motivar uma discussão sobre a teoria da origem das espécies e da origem do homem, de Charles Darwin, também nos leva a refletir sobre o modo como a cultura humana concebe e se relaciona com os animais.

• *Como era verde meu vale* (How green was my valley, dir. John Ford, Estados Unidos, 1941)

• *Matewan, a luta final* (Matewan, dir. John Sayles, Estados Unidos, 1987)

• *Germinal* (Germinal, dir. Claude Berri, França/Bélgica/Itália, 1993)
Esses são três belos filmes que também possibilitam uma instigante discussão ambiental. Retratam culturas e realidades geograficamente distintas, mas centradas na exploração do recurso mineral mais importante da sociedade industrial do século XIX e da primeira metade do século XX: o carvão. *Como era verde meu vale*, baseado na obra de escritor britânico Richard Llewellyn, retrata o drama social de uma família de trabalhadores mineiros no início do século XX, no País de Gales. *Matewan, a luta final*, aborda a situação dos trabalhadores das minas de carvão nos Estados Unidos, também no início do século XX. E *Germinal*, baseado na obra de Émile Zola, apresenta uma visão sobre as condições de vida e trabalho dos mineiros na França do século XIX.
Embora os três filmes estejam focados nos conflitos e lutas dos mineiros, a dimensão ambiental pode ser visualizada nas paisagens peculiares da indústria carbonífera, na poluição ambiental e na insalubridade das minas de carvão. Tanto os livros como os filmes caracterizam o trabalho nas minas como um "trabalho nas trevas" e nos levam a refletir sobre o trági-

co custo social e ambiental dessa atividade industrial em que os interesses econômicos são os dominantes, como ilustra a narrativa de Llewellyn:

> Mas o montão de escórias se move, faz pressão, cada vez maior e cada vez mais forte, por cima e pelos lados desta casa que era a casa do meu pai e de minha mãe e agora é minha. Em breve, talvez dentro duma hora, a casa será enterrada e o montão de escórias estender-se-á do alto da montanha até o rio, no Vale. Pobre rio, tão belo que tu eras! Quão alegre era a tua cantiga, quão límpidas eram as tuas verdes águas, como gostavas de brincar por entre os rochedos adormecidos![26]

Filmes feitos no Brasil também oferecem boas possibilidades para a abordagem ambiental.

- *O guarani* (O guarani, dir. Norma Bengell, Brasil, 1996)
- *Iracema: uma transa amazônica* (Iracema: uma transa amazônica, dir. Jorge Bodanzky, Brasil, 1974)
- *A lenda de Ubirajara* (A lenda de Ubirajara, dir. André Luiz Oliveira, Brasil, 1975)

São três filmes que abordam a temática indígena baseados nos clássicos da literatura brasileira, como as obras de José de Alencar.

- *Vidas secas* (Vidas secas, dir. Nelson Pereira dos Santos, Brasil, 1963)

Propicia uma boa reflexão sobre o modo de vida no ambiente natural do nordeste brasileiro.

- *Brincando nos campos do Senhor* (At play in the fields of the Lord, dir. Hector Babenco, Estados Unidos, 1991)
- *Amazônia em chamas* (The burning season, dir. John Frankenheimer, Estados Unidos, 1994)
- *Tainá: uma aventura na Amazônia* (Tainá: uma aventura na Amazônia, dir. Tânia Lamarca e Sérgio Bloch, Brasil, 2000)

São produções mais recentes que denunciam a exploração predatória e ilegal da Amazônia. *Amazônia em chamas* conta a história de Chico Mendes e foi produzido nos Estados Unidos. Em *Tainá*, a personagem principal é uma menina indígena que luta pela preservação da natureza.

Novos temas nas aulas de História

- *Narradores de Javé* (Narradores de Javé, dir. Eliane Caffé, Brasil, 2003)
- *Não matarás* (Não matarás, dir. Denise Gonçalves, Brasil, 2006)

  Propiciam discussões sobre os dilemas da humanidade diante de um "progresso econômico" que não cessa de transformar o ambiente natural e cultural, e nossa histórica relação com as espécies animais. O primeiro conta o drama de um povoado que está na iminência de ser removido em função da construção de uma barragem. O segundo revela a face obscura e cruel da experiência científica com animais vivos, para atender aos interesses da ciência, da economia e do conforto da vida humana.

Para concluir esta breve lista de possibilidades, vale lembrar que a partir da década de 1990, principalmente, começa a surgir o que atualmente é chamado de "filmes verdes", filmes que expressam sensibilidades com relação à necessidade de preservação da natureza. São filmes sobre o mundo animal destinados ao público infantil; filmes que denunciam empresas que poluem o meio ambiente; filmes de ficção científica que projetam para o futuro as consequências da crise ambiental do mundo contemporâneo; documentários que traduzem para a linguagem da TV o conhecimento das ciências naturais sobre a vida animal, os ecossistemas, a biodiversidade, assim como as atividades e ações que estão provocando o aquecimento global no planeta.[27]

Portanto, há aqui um "universo" de possibilidades. Ainda assim, é preciso lembrar que mesmo os filmes que se apresentam na perspectiva ambiental ou ecológica, explicitam visões ou representações da natureza na ótica da cultura humana. Ou seja, é preciso muito cuidado para não apresentá-los como "novas verdades".

Sugestões bibliográficas

- Gilmar Arruda, David Velázques Torres e Graciela Zuppa (orgs.), *Natureza na América Latina: apropriações e representações*, Londrina, Editora UEL, 2001.

  É um trabalho coletivo que estabelece um importante intercâmbio cultural e interdisciplinar entre pesquisadores ambientais latino-americanos.

São textos de historiadores, filósofos, geógrafos, literatos e economistas, do Brasil, da Argentina, dos Estados Unidos e do México, reunidos em um livro que congrega uma diversidade de temas e perspectivas tendo como conceitos diretivos as noções de "apropriação" e "representação" da natureza. Gilmar Arruda explica que estas noções são uma "forma de separar o mundo material do mundo simbólico, embora sabendo que esta separação é absolutamente arbitrária, como os próprios textos comprovam cabalmente.[28]

- José Augusto de Pádua, *Um sopro de destruição: pensamento político e crítica ambiental no Brasil escravista (1786-1888)*, 2. ed., Rio de Janeiro, Jorge Zahar, 2004.
  Obra de referência na História Ambiental. Dissipa as fronteiras da História do pensamento ambiental demonstrando que no Brasil a crítica à destruição do meio ambiente já está fortemente presente nos séculos XVIII e XIX. O autor evidencia esta crítica não somente em autores conhecidos da historiografia brasileira, como José Bonifácio e Joaquim Nabuco, mas também em dezenas de outros intelectuais esquecidos ou menosprezados pela História tradicional do pensamento social brasileiro.

- Ricardo Ferreira Ribeiro, *Florestas anãs do sertão: o cerrado na história de Minas Gerais*, Belo Horizonte, Autêntica, 2005.
  Estudo importante sobre a história do "cerrado" mineiro que desmistifica o histórico preconceito que se produziu, e que ainda vem se reproduzindo, sobre esse tipo de vegetação. Para Ribeiro, os colonizadores e naturalistas europeus estabeleceram uma hierarquia entre as florestas brasileiras, tendo como parâmetro de superioridade a Mata Atlântica. Assim, a paisagem do Brasil central, em comparação com a da Mata Atlântica, foi considerada pelos naturalistas do século XIX como de aspecto menos nobre e de pouco valor, surgindo a designação de "florestas anãs". Em consequência, o cerrado, assim como a caatinga, vem sendo representado como um ecossistema de nível inferior da biodiversidade brasileira.

- Paulo Henrique Martinez (org.), *História ambiental paulista*, São Paulo, Cortez, 2007.
  É composta por quinze textos escritos por historiadores e historiadoras, uma geógrafa e uma bióloga. Além dos textos, Martinez oferece aos professores e pesquisadores interessados na temática ambiental um conjunto de indicações bibliográficas para a História Ambiental e para a História de São Paulo, além de indicação de sites de comunidades

Novos temas nas aulas de História

científicas, órgãos públicos e da sociedade civil. Quanto ao conteúdo da obra, esclarece que, embora nem todos os textos configurem uma abordagem de História Ambiental, todos os autores desenvolveram seus temas numa perspectiva ambiental.

- Frederick Turner, *O espírito ocidental contra a natureza: mito, história e as terras selvagens*, trad. José Augusto Drummond, Rio de Janeiro, Campus, 1990.
  O proponente da escola norte-americana, Frederick Turner, é um dos autores mais conhecidos dos historiadores brasileiros. Turner confessa que sua inquietação diante do assunto emergiu quando começou a tomar consciência de sua própria "ignorância sobre os Estados Unidos, uma ignorância que significava uma autêntica ruptura com a terra". A partir daí começou a entender por que os norte-americanos, de modo geral, são um "povo sem raízes, sem repouso, com uma cultura de vias expressas que proíbe o descanso e exibe uma inclinação furiosa de demolir as melhorias realizadas no ano passado, na busca incessante de alguma forma última de ostentação".[29] Sustenta a tese de que, ao substituir o mito pela história, a cultura ocidental cristã fez sua opção pelo desejo e impulso de "dominar a natureza".

- Keith Thomas, *O homem e o mundo natural*, 4. ed., trad. João Roberto Martins Filho, São Paulo, Companhia das Letras, 2001.
  Evidencia sensibilidades e mudanças de atitudes em relação ao mundo natural, especialmente em relação às plantas e aos animais, no decorrer dos séculos XVI ao XIX. Entre outras coisas, explica que, no início do século XX, as classes altas inglesas desenvolveram atitudes de devoção pelas atividades rurais e apego aos esportes campestres. Essa sensibilidade para com os elementos da natureza emergiu na medida em que a sociedade industrial foi se expandindo e destruindo antigos ecossistemas que lembravam a história da vida passada.

Considerações finais

Em termos de resultados, a História Ambiental já vem demonstrando sua importante contribuição no sentido de propiciar à sociedade moderna uma profunda reflexão retrospectiva sobre erros trágicos cometidos no passado.

Em termos metodológicos, os caminhos e as formas de abordar a diversidade de fontes disponíveis têm propiciado um novo tipo de conhecimento histórico, com múltiplos temas e diferentes abordagens se desenvolvendo todos os dias.

No espaço escolar, a História Ambiental pode contribuir muito para a educação ambiental. Além das possibilidades de leitura e pesquisa destacadas anteriormente, o professor pode adequar à perspectiva da História Ambiental duas tradições já conhecidas na escola: a saída de campo ou "estudo do meio" (em que é recomendável contar com a participação de professores de Biologia e de Geografia) e o trabalho com a História Oral (aproveitando-se do fato de que todos os seres humanos guardam vestígios que podem se constituir em uma "memória ambiental").

Precisamos enfrentar com sabedoria a crise ambiental que já está presente, de uma forma ou de outra, em nosso cotidiano e que ameaça o futuro próximo. Podemos começar assumindo nossa parcela de responsabilidade em relação aos danos ambientais provocados pela civilização moderna e ao mesmo tempo buscar formas e soluções criativas, rever nosso estilo de vida, nossos conceitos e nossas práticas de trabalho. Por tudo o que vimos aqui, parece claro como a História pode colaborar nessa importante tarefa.

Notas

[1] Como ilustração, cabe lembrar que os europeus não conquistaram o "Novo Mundo" apenas pela força das armas. Tão ou mais importante do que o poderio bélico, foi o poder simbólico relacionado aos conceitos e representações. No processo da conquista, conceitos e representações que designam o sentido de "Novo Mundo", de "América", de "selvagem" e de "civilização" foram armas fundamentais para assegurar o sucesso relativo dos europeus.

[2] Enrique Leff, Racionalidade ambiental: a reapropriação social da natureza, trad. Luis Carlos Cabral, Rio de Janeiro, Civilização Brasileira, 2006, pp. 15-17.

[3] Donald Woster, Para fazer História Ambiental, trad. José Augusto Drummond, Rio de Janeiro, CPDOC/FGV, Estudos Históricos, 1991, v. 4, n. 8, p. 198.

[4] Idem, p. 202.

[5] José Augusto Drummond, A História Ambiental: temas, fontes e linhas de pesquisa, Rio de Janeiro, CPDOC/FGV, Estudos Históricos, 1991, v. 4, n. 8, pp. 177-97.

[6] Idem, p. 183.

[7] Regina Horta Duarte, História & natureza, Belo Horizonte, Autêntica, 2005, p. 33.

[8] Idem, p. 31.

[9] Como afirma Regina Duarte Horta, op. cit.

NOVOS TEMAS NAS AULAS DE HISTÓRIA

[10] Marcos Lobato Martins, História e meio ambiente, São Paulo, Annablume, 2007, p. 23.

[11] Paulo Henrique Martinez, História ambiental no Brasil: no ensino e na pesquisa, São Paulo, Cortez, 2006, p. 20.

[12] Marcos Lobato Martins, op. cit., p. 23.

[13] Conhecer para "dominar a natureza" é algo diferente da ideia de conhecer para melhor interagir com o mundo natural, o que seria, sim, uma postura mais ecológica.

[14] Maria Helena de Tevês Costa Ureña Prieto, "Uma novela ecologista na Grécia antiga", em Ágora: estudos clássicos em debate, Lisboa, Universidade de Lisboa, 2000, n. 2, pp. 33-44. Disponível em: <www2.dlc.ua.pt>. W. A. Ribeiro Jr., Os filósofos da natureza, São Carlos. Portal Graecia Antiqua. Disponível em: <greciantiga.org>. Acesso em: jul. 2008.

[15] Frederick Turner, O espírito ocidental contra a natureza: mito, história e as terras selvagens, trad. José Augusto Drummond, Rio de Janeiro, Campus, 1990, p. 50.

[16] Maria Helena de Tevês Costa Ureña Prieto, "Uma novela ecologista na Grécia antiga", em Ágora: estudos clássicos em debate, n. 2, Lisboa, Universidade de Lisboa, 2000, pp. 35-7. Teócrito (315-250 a.e.c.) foi considerado o criador da poesia bucólica ou fundador do estilo poético pastoral, gênero que exerceu uma forte influência na cultura europeia do período moderno, principalmente no primeiro século da Revolução Industrial, quando também surgiu uma percepção do mal-estar com relação à vida urbana.

[17] Raymond Williams, O campo e a cidade, na história e na literatura, trad. Paulo Henrique Britto, São Paulo, Companhia das Letras, 1989, p. 52.

[18] Idem, ibidem.

[19] Thomas More, Thomas More: vida e obra, trad. Luís de Andrade, São Paulo, Nova Cultural, 2004, pp.61-2, [coleção Os Pensadores].

[20] Idem, pp. 62-3.

[21] Francis Bacon, Francis Bacon: vida e obra, São Paulo, Nova Cultural, 2005, p. 245, [coleção Os Pensadores].

[22] Raymond Williams, op. cit., p. 11.

[23] Cf. Marc Ferro, "O filme, uma contra-análise da sociedade?", em Jacques Le Goff e Pierre Nora (orgs.), História: novos objetos, Rio de Janeiro, Francisco Alves, 1988, 3. ed., pp. 201-2. Cf. Também Marc Ferro, "Existe uma visão cinematográfica da história?", em A história vigiada, São Paulo, Martins Fontes, 1989.

[24] É importante salientar que a literatura também se configura como um campo de estudo promissor para a História Ambiental.

[25] Herman Melville, Moby Dick, trad. Monteiro Lobato e Adalberto Rochsteiner, São Paulo, Companhia Editora Nacional, 2005, p. 105.

[26] Richard Llewellyn, Como era verde meu vale, trad. Oscar Mendes, São Paulo, Abril Cultural, 1976, p. 108.

[27] Além disso, há diversos filmes e vídeos com temáticas ambientais que o professor pode buscar no espaço virtual da internet. Há vários sites de organizações governamentais e não governamentais e blogs de pesquisadores e ambientalistas voltados para as questões ambientais que podem enriquecer a sala aula e inspirar projetos de pesquisa com temáticas ambientais. Sugiro conhecer o espaço de "educação ambiental" da página do Ministério do Meio Ambiente do governo brasileiro (<www.mma.gov.br>), que traz uma infinidade de informações e recursos, entre os quais: publicações, Projeto Sala Verde, banco de teses, indicações de blogs e uma valiosa videoteca com temas ambientais especialmente destinados a comunidades e escolas.

[28] Gilmar Arruda, David Velázques Torres e Graciela Zuppa (orgs.), Natureza na América Latina: apropriações e representações, Londrina, UEL, 2001, p. viii.

[29] Frederick Turner, O espírito ocidental contra a natureza: mito, história e as terras selvagens, trad. José Augusto Drummond, Rio de Janeiro, Campus, 1990, p. 5.

História Integrada

Marcus Vinícius de Morais

História e identidade

Narrar história é, antes de tudo, questão de identidade. É possível ver de que modo as pessoas e mesmo toda uma nação se enxergam a partir da forma como redigem e transmitem suas histórias. O que os povos dizem sobre o seu passado nos revela como gostam de ser lembrados e muito do próprio momento em que nasce a narrativa. Podemos lembrar e dizer coisas a respeito do passado, mas os motivos, as emoções e os porquês se localizam sempre no momento atual em que as versões da narrativa histórica são criadas e transmitidas.[1]

Nesse sentido, o poder da História encontrada nos livros didáticos e ensinada nas escolas é grande, mesmo que imperceptível. As narrativas contadas muitas e muitas vezes pelos professores acabam se tornando verdades didáticas estanques e inabaláveis, como dogmas de explicação histórica. Poucas vezes repensadas, podem se transformar em memória. Entretanto, não devemos esquecer que tal memória carrega consigo uma mensagem confeccionada, modificada, construída a partir de um ponto de vista, sendo, muitas vezes, vinculada a um projeto maior que engloba a própria ideia de povo e nação financiados e liderados pelo Estado.

É importante refletir e ser realista: as pessoas em geral terão o seu conhecimento histórico, até o fim de suas vidas, formado pelo que aprendem na escola e nos livros a que têm acesso durante sua infância ou adolescência, quando são estudantes. O conteúdo escolar, normalmente, é o principal responsável pela noção de história que os indivíduos possuem, pois raras vezes os repertórios pessoais de conhecimento sobre o passado serão acrescidos posteriormente por informações advindas de filmes, revistas ou documentários. Dificilmente os conteúdos serão revisitados. Desse modo, as aulas de História assumem importante papel na medida em que dizem, por exemplo, o que é "ser brasileiro", o que é "ser negro", "europeu", "indígena" ou "mulher", e ajudam, assim, a definir quem cada um é, de onde veio e, algumas vezes, até o que pode vir a ser.

O modo como isso é feito deve ser repensado. Se for com tons de verdade absoluta, terá o poder de sufocar qualquer análise crítica. E isso é um equívoco, pois sabemos que a História não é o que, de fato, se viveu, mas sim o que se conta sobre o vivido e, principalmente, o modo escolhido para se contar.

A identidade nacional, por exemplo, é uma construção histórica na medida em que é a escrita da história que traz sentido e significados específicos a uma sociedade que se imagina, que pensa sobre si mesma: o jeito que ela foi, como ela é e, principalmente, o que ela será. Assim, existe uma grande responsabilidade em ser professor de História, na medida em que ele acaba trabalhando, em sala, com as imagens que os alunos têm de si mesmos, de suas comunidades, de seu país e do mundo em que vivem.

No caso do Brasil, já foram inúmeras as maneiras escolhidas para se narrar a história e, portanto, múltiplos os olhares criados sobre a própria ideia de "Brasil". Olhares e visões que mudam e que, certamente, também carregam a sua própria história. Imagens criadas sobre os povos, sobre as culturas, a nação e o Estado.

No nosso país, em certos momentos, o próprio Estado atuou no sentido de difundir as imagens que mais lhe interessavam. A exemplo da Igreja na Idade Média, o Estado também cuidou dos seus "santos", elaborando ou elegendo narrativas hagiográficas a respeito dos heróis da nacionalidade e de seus feitos exemplares a serviço do Brasil.

Com o tempo, o ensino de História foi ficando menos direcionado e passou a incorporar inúmeras mudanças na maneira de se narrar história e nos discursos construídos sobre os acontecimentos. Entretanto, certas questões estiveram sempre presentes como eixos vertebrais do processo de construção das imagens da nação: "qual a nossa origem?" e "onde queremos chegar"? Perguntas comuns, de difíceis respostas, que muitas vezes se vincularam a fortes projetos políticos.

A História ensinada pode simplesmente servir a tais projetos, ou não. Pois ela pode, por outro lado, ser o espelho mágico a nos auxiliar quando procuramos entender quem, de fato, somos e de onde viemos. Dependendo da maneira como é tratada em sala de aula, a História nos ajuda a criar um rosto, a partir das dúvidas e inquietudes lançadas sobre o tempo.

No entanto, é bom lembrar: a cada novo olhar são criadas e recriadas novas Histórias que tentam dar conta de refletir o rosto que, então, lentamente ali se forma e que se deforma sem parar em direção ao futuro. Novos olhares, novas Histórias, um novo rosto.

Alguns diferentes modos de narrar o Brasil

O Brasil independente, da primeira metade do século XIX, nascia com a necessidade de resposta para a pergunta "quem somos nós?". Era preciso criar uma identidade separada de Portugal, já que o Brasil surgia no cenário internacional desvinculado da antiga metrópole. A busca de autonomia política aparecia na forma de reconhecimentos diplomáticos da independência, por parte dos outros países, e também na forma de projetos políticos criados dentro do Brasil para os rumos da nação recém-nascida.

Nesse sentido, surgiu o primeiro livro brasileiro de História do Brasil, de Henrique Luiz de Niemeyer Bellegarde, *Resumo de História do Brasil*, de 1828. Na verdade, a obra era uma tradução do

Novos temas nas aulas de História

Resume de L'histoire du Brésil de Ferdinand Denis, escrito em 1822, "aumentada" com citações do *History of Brazil*, coleção de três volumes do inglês Robert Southey, publicada entre os anos de 1810 e 1819. A obra de Bellegarde foi o passo inicial para a formação de uma imaginada unidade nacional brasileira, a partir de inspirações da história europeia, de que o próprio Brasil fazia parte.

Anos depois, em 1838, com a criação do Instituto Histórico e Geográfico Brasileiro (IHGB), o Estado imperial oficializava um projeto: o de assegurar um lugar do Brasil na civilização ocidental e cristã. Era preciso encontrar o lugar do Brasil na história das civilizações europeias. O modelo de livros e manuais franceses colocava a história nacional como apêndice da história da humanidade civilizada, ou seja, da história da Europa. Foi somente em meados do século XIX que a disciplina História do Brasil (História da Pátria) se separou da História Geral (História Universal), a partir das ideias dos intelectuais do IHGB, muitos dos quais eram também professores do Colégio Pedro II, cujo ensino servia de modelo para os liceus e para os cursos preparatórios para o ensino superior.

No século XX, as reformas de Francisco Campos na década de 1930 e a Lei de Diretrizes e Bases de 1961 trouxeram mudanças significativas na maneira de se narrar e, consequentemente, ensinar a história do Brasil. Os manuais escolares passaram a ter o aluno como público-alvo, ou seja, passaram a ser produzidos para os estudantes, e não somente para os professores. Nas décadas de 1960 e 1970, surgiram algumas inovações. Entre elas, o combate ao excesso de memorização no ensino de História e a tentativa pioneira de se ensinar uma história integrada entre Brasil e América Latina com o livro *Brasil: uma história dinâmica*, de 1971, de Ilmar de Mattos, José Luis Werneck e Ella Dottori. Os autores tinham como objetivo descentralizar as explicações e o ponto de vista europeu, incluindo diferentes falas, de diferentes falantes. A história vista de baixo, a voz dada àqueles que se consideravam menos favorecidos: vítimas iguais de uma política externa norte-americana imperial. Era assim que se viam, era assim que narrariam suas histórias. Num contexto de forte Guerra Fria e em que os estudos marxistas estavam em alta no

Brasil, talvez fosse interessante aproximar o país da história das lutas políticas na América Latina. A formação, imaginada, foi a de um bloco da América, de "países unidos", contra as práticas do primo rico do hemisfério norte. Mais uma vez, estava em jogo a questão da visão de si mesmo e do discurso; era preciso, pertinente e bem aceito forjar uma identidade "latino-americana" de resistência e que se oporia aos norte-americanos imperialistas.

Durante a ditadura militar, a maioria dos professores voltou às grades dos "cárceres pedagógicos" criados pelo Estado. A História teve que dividir espaço com os chamados Estudos Sociais e com a disciplina Organização Social e Política do Brasil (OSPB). Aqui, nesse período, era o livro didático quem dominava o professor, e não o contrário. O professor se via preso diante da ideologia do Estado e forçado a cumprir o conteúdo a partir dos moldes estatais. Mas a abertura política e a redemocratização do Brasil tratariam de tentar inverter essa equação. Era o professor, em teoria, quem deveria dominar o livro didático. O controle do governo militar se desmantela e novas propostas educacionais surgem, acompanhando os ventos das mudanças políticas.

Os anos 1980 e 1990 chegariam com uma nova historiografia, carregada de tendências da História Cultural; tudo isso atingiu os livros didáticos e esse novo enfoque de História apareceu, sem dúvida, em todo o mercado: História Nova, mentalidades, multiculturalismo, identidades múltiplas, microfísicas do poder, novos temas, novos objetos e novos enfoques.

Desse modo, tanto a nova Lei de Diretrizes e Bases (LDB) de 1996, como os Parâmetros Curriculares Nacionais (PCNs) de 1997, destacaram a ideia de multiplicidade de olhares, respeito às diferenças, valorização da diversidade e pluralidades como patrimônios culturais do Brasil. No século das mudanças rápidas e do fim das fronteiras nacionais, políticas e econômicas, a educação privilegia o estudo das características de determinados grupos (os personagens da História "vista de baixo", as comunidades locais, os "vencidos", "a classe trabalhadora", entre outros) em detrimento da História nacional homogeneizante e exclusiva, vista como arcaica e ultrapassada. A educadora Rebeca Gontijo afirma que "observa-se atualmente um movimento em direção ao fim do Estado nacional, caracterizado pela imposição de uma lógica econômica e política que tende a eliminar as fronteiras nacionais".[2]

O século XXI trouxe, sobretudo, uma nova onda de História Integrada.

História Integrada

História Integrada, como o próprio nome diz, deveria integrar, completar, totalizar e somar. O Brasil integrado à história da humanidade. Esse seria o objetivo tão claro e tão caro para o século XXI, quando os muros da linguagem são derrubados num mundo de rápida comunicação, o mundo da internet, em que fica cada vez mais difícil estabelecer fronteiras bem definidas. A História Integrada teria como meta, então, contar uma história do Brasil menos superficial, em que as conexões com os acontecimentos mundiais fossem estabelecidas; história mais rica, cheia de idas e vindas, num processo em que o Brasil não poderia ficar isolado. Narrar as histórias do Brasil e do Mundo juntas seria uma forma de acompanhar a inserção do Brasil num mundo e mercados amplamente globalizados. Uma tentativa de justificar e entender historicamente a participação do Brasil nas teias das relações estabelecidas entre os países. Na era da globalização, o Brasil teria que ser visto como nação complementar de um mundo capitalista ainda maior. A História Integrada tentaria, assim, entender essa incorporação; seria a chance de esclarecer os motivos e as origens do caminho que o Brasil fez e faz para tornar-se parte integrante de um todo.

No entanto, não foi isso o que aconteceu na prática de ensino. Na verdade, a História Integrada, tal qual a conhecemos hoje nas salas de aula concretas, está repleta de problemas e armadilhas e muito distante do projeto original.

Se analisamos os livros didáticos disponíveis, concluímos que o termo "História Integrada" nem mesmo deveria ser aplicado.

O melhor seria chamar os modelos adotados de "História Intercalada", pois o que se tem é uma mera disposição cronológica de conteúdos e fatos que se articulam com os anteriores apenas porque ocorreram num tempo próximo. Assim, os temas não se integram nem interagem, mas apenas se intercalam. E mesmo esse "intercalar" apresenta problemas, na medida em que os livros ainda seguem critérios cronológicos mais apropriados à história europeia do que à história nacional. Não é à toa que a História do Brasil só tem início nos capítulos em que a Europa toma conhecimento do novo continente. A História do Brasil não começa com o passado indígena – como no caso da História ensinada nas escolas do México, que se inicia no passado pré-colombiano, com os mexicas (astecas) – mas, sim, com a chegada dos portugueses. Além disso, os livros de História reservam um lugar secundário para a História do Brasil, restrito a cerca de um quarto do total de páginas das coleções. Assim, ocorre de fato uma diminuição e uma diluição dos conteúdos, tanto de História do Brasil como de História Geral.[3]

Nesse pretenso modelo de História Integrada, o Brasil é dependente dos fatos e acontecimentos da Europa. Assim, o Brasil nasce por iniciativa dos portugueses do século XVI, o pau-brasil e o açúcar são filhos do mercantilismo da Europa, a Inconfidência Mineira deve créditos ao iluminismo, a Independência do Brasil foi fruto das cortes de Lisboa e da pressão inglesa, que também acabou com a escravidão no Brasil. Até mesmo o conflito norte-americano contra os russos, já na Guerra Fria, fabrica a renúncia de Jânio Quadros, e os Estados Unidos são os responsáveis pela ditadura militar, e assim por diante. Sabemos mais sobre os jacobinos do que sobre os escravos quilombolas. Sabemos mais sobre a Comuna de Paris do que sobre Palmares.

Ensina-se aos alunos a teoria da eterna dependência, em que as determinações externas são mais importantes do que as internas, e o Brasil não é agente de sua própria história, mas espectador. Com isso, fortalece-se a ideia de que tensões e contradições internas desempenham um papel secundário na construção da nação. O Brasil torna-se, assim, apenas o resultado da História Geral.

NOVOS TEMAS NAS AULAS DE HISTÓRIA

A historiadora Circe Bittencourt alertou que esse tipo de narrativa privilegia o modelo ideológico anglo-saxão, que seria, então, responsável pelo desenvolvimento econômico dos Estados Unidos e da Inglaterra. Ao mesmo tempo esse tipo de narrativa descarta outros modelos de sociedade, atribuindo "menos qualidade", por exemplo, aos portugueses e aos espanhóis, vistos como responsáveis pela colonização de países que hoje se encontram em difícil situação financeira. Paralelamente, cria-se entre os estudantes uma postura antilusitana, e os portugueses são vistos como o que houve de pior no Novo Mundo. Além disso, transmite-se uma versão em que o Brasil é menos, atrasado e dependente. Isso gera, diz Bittencourt, "um imobilismo político, uma vez que estaríamos todos na rede de um poder maior e diante de um destino inexorável":[4] o destino de ser dependentes.

O historiador Paulo Miceli analisou os problemas causados a partir dessa sensação de impotência diante do outro na condução da própria história do Brasil: "Alheios aos seus destinos, excluídos das ações decisórias, não há porque interessar-se por sua história, pois o outro foi, é e será sempre responsável por ela."[5] Enraizou-se, assim, na nossa cultura didática e pedagógica uma tradição evolutiva, cronológica e eurocêntrica, em que a História Integrada, tal como ela está, não tem vez e sequer dá conta dos complexos processos históricos. É preciso rever essa proposta.

Por uma nova História Integrada

Existem lacunas efetivas na formação da maioria dos professores para lidar com a integração. O trabalho real fica muito distante do esperado.

De fato, a História Integrada exige maior domínio dos conteúdos e um preparo específico. Entretanto, são poucos os cursos oferecidos aos professores para que compreendam melhor a proposta. Não é da noite para o dia que se aprende a trabalhar com uma nova abordagem; é preciso haver um investimento maior em um tempo mais longo, pois a ideia é bastante válida. Para sobreviver e se consolidar, a nova proposta precisa também ser alvo de maiores discussões. Não bastam os títulos bonitos nas capas dos materiais didáticos. Precisamos fazer algo além da aparência para que ela sobreviva fora do papel.

Para trabalhar a História de modo verdadeiramente integrado, temos que estar atentos aos objetivos da proposta.

Um deles é mostrar que os acontecimentos históricos estão o tempo todo interligados e que a interconectividade precisa e deve ser valorizada na explicação do professor. Um assunto não pode ser explicado sem o outro, e o outro não tem sentido sem a explicação do anterior. Não se trata do velho esquema de "causas e consequências", nem mesmo de precisar de um item para que outro possa ser cronologicamente apresentado. Isso seria ingênuo e, na verdade, cairia na mesma postura de antes: conteúdos intercalados separados ou apenas articulados no trenzinho linear da "causa e efeito, causa e efeito...".

Na História (verdadeiramente) Integrada, a coisa é bem diferente. Os conteúdos de História do Brasil, História Geral e, ainda, História da América devem apresentar interdependência a ponto de quase não ser possível "separar" o que acontece no Brasil do que acontece na Europa.

> Um exemplo: o colono português do século XVI, exilado nos trópicos, vem para o Brasil e descreve as novas terras a partir de suas impressões; com isso, acaba interferindo de modo efetivo na vida das pessoas que o cercam. Ver e entender o universo religioso indígena como se fosse povoado pelos sabás das bruxas europeias implicou situações reais no contato entre o colonizador e o indígena. E agora? Onde termina a Europa e onde começa o Brasil?

É nessa dificuldade de se separar os temas e conteúdos e, ao mesmo tempo, na habilidade de trabalhá-los de modo mais complexo que reside a História Integrada – História que interliga, em que as teias dos acontecimentos se entrelaçam.

Novos temas nas aulas de História

A própria ideia de História Integrada nos permite pensar em uma ampliação de temas e recortes, a partir de novos rumos a serem seguidos dentro de sala de aula. São múltiplas as opções que os professores têm em mãos.

> No assunto Brasil Colônia, a chegada da Companhia de Jesus e o projeto de catequese dos jesuítas podem ser vistos a partir de sua vinculação ao Concílio de Trento (1545-1563), o qual, por sua vez, foi uma resposta às ideias de Martinho Lutero de 1517 que se relacionavam com a postura da Igreja Católica no século XVI.
>
> Após a chegada à América, os padres afirmavam que as novas terras eram um presente de Deus para a Europa. Assim, converter os índios era recompor o rebanho de fiéis católicos perdidos pelas "demoníacas" ideias de Lutero. O indígena era visto como uma folha em branco em que os cristãos tentariam imprimir sua fé. Os batismos em massa se vinculavam às tradições milenaristas e escatológicas dos cristãos. Se o fim do mundo estava próximo, era preciso salvar as almas dos indígenas. O olhar cristão sobre o indígena o transformava no bom selvagem, manso e pacífico, como o homem antes do pecado original, no Paraíso bíblico. Relacionar a história da Europa, a mentalidade religiosa e o imaginário europeu com o Descobrimento do Brasil e com o projeto catequético na América é um bom caminho para mostrar aos alunos a conectividade histórica.

Na História Integrada, a história das mentalidades se mescla com a história econômica, a política com a social, a nacional com a internacional.

> A vinda da família real para o Brasil, em 1808, é outro bom exemplo. As relações diplomáticas que envolviam Portugal, Espanha, França e Inglaterra podem sugerir interconectividade, na medida em que é difícil separar os interesses de cada um dos países.

A relação de Carlota Joaquina com seus parentes na Espanha, o aprisionamento de seus pais e sua vontade de ser regente na América espanhola podem ser relacionados com o processo de independência das colônias espanholas no Novo Mundo.

Após a chegada da corte, medidas como a Abertura dos Portos de 1808 e os Tratados de Comércio de 1810 possibilitam um enorme leque de novos estudos para os alunos. A entrada de produtos europeus no Brasil, o garfo, a faca, a "europeização" dos costumes no Rio de Janeiro, as novas roupas e as novas etiquetas fazem parte de um cenário ainda pouco explorado em sala.

As reformas de D. João VI nas casas do Rio de Janeiro, por exemplo, demonstram uma tentativa de fazer a Europa "migrar" para o Brasil. Alguns artistas e pintores foram contratados da França pelo rei português, aproveitando que tinham sido expulsos por Napoleão Bonaparte. Esses artistas trouxeram para o Brasil os estilos de arte, pintura e arquitetura franceses, como por exemplo o modelo arquitetônico do Palácio de Versalhes, em forma de cruz, que, muitos anos depois, serviria de inspiração até mesmo para a construção de Brasília.

O professor pode trabalhar com a ideia de "representação" europeia do Brasil nas obras de Debret, por exemplo, ou nos relatos de Maria Graham.

Outro ponto que deixa clara a inter-relação na história é o surgimento da imprensa no Rio de Janeiro, que havia deslanchado na Europa de Gutenberg, mas que nascera no Oriente e que agora migrava para esse lado do Atlântico.

O desenvolvimento histórico das ideias também pode ser contemplado de maneira integrada com muitos outros recortes históricos.

Uma análise de teorias do século XIX europeu, como o darwinismo social e o evolucionismo, pode ser extremamente rica para o aprendizado dos alunos. A ideia de que o homem branco constitui uma raça biologicamente superior e que os negros, por outro lado, são

Novos temas nas aulas de História

> inferiores serviu de base teórica para a invasão europeia na África e na Ásia durante o neocolonialismo.
>
> O professor pode explorar as ideias de Charles Darwin sobre a biologia em sua obra *A origem das espécies*, de 1859, e mostrar como a ideia evolucionista foi interpretada e aplicada à sociedade por pessoas como Spencer e Gobineau, colaborando, por sua vez, para os rumos do desenvolvimento econômico.
>
> Essas ideias europeias se relacionaram também com o Brasil e podem ser comparadas e ou explicadas com o projeto do Estado monárquico brasileiro de trazer imigrantes europeus para as fazendas de café em substituição da mão de obra escrava. A escolha do imigrante europeu, e não do asiático, por exemplo, se vinculou a um projeto de "embranquecimento" da nação brasileira, que deveria fazer parte, agora, do rol das nações civilizadas do mundo.

Ampliam-se os limites dos materiais didáticos tradicionais quando o professor incorpora a leitura crítica de textos em suas aulas.

> Alguns textos de Machado de Assis, como as crônicas da série "Balas de estalo" publicada pela *Gazeta de Notícias* no Rio de Janeiro desde 1883, oferecem material de apoio para o estudo da "questão racial".
>
> Até em textos consagrados como *O abolicionismo*, de Joaquim Nabuco (1884), podemos encontrar traços de teorias racistas.
>
> Obras de Monteiro Lobato (que foi membro de sociedades eugenistas de São Paulo) comparadas com as de outros autores, como do norte-americano Edgar Rice Burroughs, autor de *Tarzan*, de 1912, podem ser material interessante para o estudo de questões de "higiene social" e eugenia. Para o mesmo assunto, o professor ainda pode propor a leitura de *As aventuras de Sherlock Holmes*, de Conan Doyle, ou *O médico e o monstro*, de Robert Louis Stevenson, ou ainda a narrativa de Euclides da Cunha sobre os sertanejos de Canudos. A análise

> de textos de Rudyard Kipling, autor do poema "O fardo do homem branco" e do romance *Mogli*, de 1864, também pode servir aos mesmos propósitos.
>
> Em sala de aula, pequenos trechos dessas obras literárias selecionados de antemão podem ser lidos mais atentamente no sentido de identificar sua relação com o conteúdo das teorias defendidas por racistas, eugenistas ou evolucionistas sociais. Nesse trabalho, o aluno, auxiliado pelo professor, desenvolverá uma espécie de desconstrução dos textos.

Sem presentismos simplistas, mas atento ao mundo de hoje, o professor pode valer-se da História Integrada para lembrar que questões atuais direcionam nosso olhar para o passado.

> A ideia de "progresso" e "evolução", oriundas da Europa, chegaram ao Brasil também na construção de ferrovias e nas reformas urbanas do Rio de Janeiro, durante o governo do prefeito Pereira Passos e do bairro Higienópolis em São Paulo. O professor pode tratar do "favelamento" no Rio de Janeiro, quando as populações dos cortiços foram obrigadas a deixar o centro e a se fixar nos morros, e a construção dos *boulevards*, como um projeto de "esconder" o problema social na capital e limpar a "sujeira" aos olhos dos visitantes da cidade. Em seguida, se achar interessante, pode abrir uma discussão mais geral sobre favelas e problemas habitacionais.

O principal é pensar a complexidade dos processos históricos, as suas conexões e a quase impossível separação entre as "histórias", na medida em que um acontecimento aparentemente isolado na Europa, por exemplo, ou no Brasil, pode criar uma cadeia de situações, como uma verdadeira avalanche, com resultados inicialmente imprevisíveis.

> Martinho Lutero, ao criticar a Igreja, certamente não sabia que isso poderia influenciar a vinda de jesuítas para o Brasil e que isso, por sua vez, seria o início da

> tentativa de conversão na América Portuguesa e que hoje o Brasil teria a maioria da população católica.
>
> Do mesmo modo, Napoleão Bonaparte, com suas medidas contra os aliados da Inglaterra, jamais poderia prever a chegada de diversas regras de etiqueta ao Brasil em 1808 ou as reformas das casas do Rio de Janeiro a pedido de D. João VI, e muito menos a influência da arquitetura francesa no Brasil do século XX.

Considerações finais

Ofereci neste texto apenas alguns exemplos de como os assuntos estão conectados e de que modo podem ser relacionados para os alunos em sala de aula. A simplificação se fez necessária numa pequena exposição de ideias como esta e, naturalmente, muitas outras formas de demonstrar a integração histórica podem ser adotadas.

Aproveito também para mandar um recado para os pesquisadores: assuntos conectados, interligados e indissociáveis podem constituir novos campos de estudo que favoreçam uma nova forma de ensino, por uma História mais completa, mais complexa e menos fragmentada. História Integrada em que o mundo parece se conectar desde sempre.

Sugestões bibliográficas

- Tzvetan Todorov, *A conquista da América: a questão do outro*, São Paulo, Martins Fontes, 1992.
  O linguista búlgaro faz uma bonita análise do pensamento europeu do século XVI e do grande impacto que este sofreu com a descoberta da América. Indico especialmente a leitura dos capítulos "Colombo hermeneuta" e "Colombo e os índios", em que o autor relaciona o imaginário europeu com a visão que Cristóvão Colombo cria dos indígenas, além de tratar dos equívocos de compreensão de diferentes culturas e a relação com o outro, num exercício de alteridade.

MARCUS VINÍCIUS DE MORAIS

- Laura de Melo Souza, *Inferno atlântico*, São Paulo, Companhia das Letras, 1993.
A historiadora estuda o imaginário português durante o período inicial da colonização do Brasil, observando as ideias de Paraíso e Purgatório aplicadas à colônia na América Portuguesa. A temática da religiosidade colonial também aparece com o mesmo enfoque em seu outro livro *O diabo e a Terra de Santa Cruz* (Companhia das Letras).

- Francisca Nogueira L. Azevedo, *Carlota Joaquina: cartas inéditas*, Rio de Janeiro, Casa da Palavra, 2007.
A obra é basicamente uma biografia de Carlota Joaquina que utiliza novas fontes documentais, como as cartas escritas para os pais presos na Espanha sob domínio napoleônico. O livro demonstra a complexidade política e diplomática da vinda da corte portuguesa para o Brasil e as dificuldades encontradas para se viver na Colônia. Explica também de que modo foi construída uma imagem negativa de Carlota no Brasil. As ideias apresentadas no livro de Francisca Azevedo podem ser confrontadas com as imagens de Carlota Joaquina e D. João VI que aparecem no filme da diretora Carla Camurati – *Carlota Joaquina: princesa do Brazil* (Europa Filmes, 1994) –, perpetuando uma visão negativa preexistente em nosso país sobre esses personagens (essa mesma negatividade, com amplo alcance popular, está presente no famoso seriado televisivo *Quinto dos infernos*, de Carlos Lombardi, facilmente encontrado em DVD (*box* de 4 DVDs), de 2002.

- Célia Maria Marinho Azevedo, *Onda negra, medo branco*, São Paulo, Annablume, 2005.
Analisa o medo que as revoltas coletivas escravas causavam na elite branca do Brasil em fins do século XIX, gerando o fenômeno do "haitianismo". Estuda também os discursos racistas presentes no processo de abolição da escravidão e no projeto de vinda de imigrantes europeus para constituir a "nova nação brasileira".

- Sidney Chalhoub, *Machado de Assis historiador*, São Paulo, Companhia das Letras, 2003.
Apresenta várias possibilidades de análise histórica de romances de Machado de Assis (como *Helena*, *Iaiá Garcia* e *Memórias póstumas de Brás Cubas*). Chalhoub afirma que Machado de Assis utilizava sua literatura para denunciar problemas e contradições da sociedade escravista do século XIX, como faria um verdadeiro "historiador". A partir das críticas de

NOVOS TEMAS NAS AULAS DE HISTÓRIA

Machado, pode-se perceber as teorias raciais europeias presentes em escritos sobre o fim da escravidão. Além disso, em muitos de seus personagens, vê-se hábitos e costumes "europeizados" na elite do Rio de Janeiro. Isso também pode ser explorado como parte do exemplo de História Integrada dado anteriormente. Se o professor optar por usar esse livro em sala, poderá, entre outras coisas, treinar a capacidade de leitura e interpretação dos alunos. As análises e os trechos da obra de Machado de Assis contidos no livro demonstram um uso interessante da Literatura para se compreender realidades sociais complexas, bem dentro do espírito da História Integrada.

Sugestões de filmes

- *Desmundo* (Desmundo, dir. Alain Fresnot, Brasil, 2003)
  A partir da discussão deste filme, o professor pode trabalhar questões relativas às dificuldades do cotidiano no Brasil na época colonial, o preconceito existente contra a mulher e o exercício do poder patriarcal na sociedade da época (ambos traços culturais importados de Portugal). Pode examinar com os alunos, sobretudo, de que modo o século XXI – quando o filme foi feito – imagina e retrata o Brasil Colônia.

- *Apocalypto* (Apocalypto, dir. Mel Gibson, Estados Unidos, 2006)
  É interessante observar como o diretor Mel Gibson vê as sociedades pré-colombianas como sociedades moralmente decadentes – atenção especial aos momentos em que aparece retratada a prática do sacrifício humano como algo violento e selvagem. Pode-se fazer uma comparação entre essas cenas retratadas pelo filme e a análise feita por Todorov em seu livro sobre a Conquista da América, em que diferencia sociedades de sacrifício e sociedades de massacre, no caso, a espanhola. A reconstituição da vida urbana feita pelo filme também é nitidamente enviesada: mostra muito mais os problemas de uma cidade contemporânea do que os de uma cidade indígena do século XIV – o professor pode chamar a atenção dos alunos para o fato de os filmes não serem neutros, e sim exprimirem a opinião de um autor.

- *Do inferno* (From hell, dir. Albert Hughes e Allen Hughes, Estados Unidos, 2001)
  O aluno deve ficar atento ao modo como o filme retrata o século XIX – muito a gosto dos românticos byronistas – com sua obscuridade, cidades poluídas, insalubres e lotadas. Algumas cenas trazem a questão da

racionalização do conhecimento (na atuação do investigador Aberline, que age como um verdadeiro Sherlock Holmes) e a da racionalização da violência (por parte do assassino metódico e, ironicamente, científico). A misoginia, a craniometria e o darwinismo social voltando-se contra os judeus também são assuntos presentes no filme.

Não é muito difícil selecionar filmes que exemplifiquem a História Integrada em cada um dos assuntos do programa escolar. Qualquer que seja o período retratado, narrativas que relatem um encontro de culturas (estrangeiros e nativos, orientais e ocidentais, modernos e tradicionalistas etc.) ou acontecimentos da história global (como uma guerra, revolução, mudança brusca de regime político ou econômico) afetando a vida cotidiana podem auxiliar o professor a ilustrar para os alunos as inter-relações existentes na história. O retorno em termos de aprendizado pode ser muito gratificante.

Notas

[1] Para a realização deste texto, muitas obras serviram de inspiração. Espero que estas leituras possam servir, igualmente, ao leitor em novas reflexões. Dentre elas, posso citar Francisca Nogueira L. Azevedo, (Carlota Joaquina na corte do Brasil, Rio de Janeiro, Civilização Brasileira, 2003; e Carlota Joaquina: cartas inéditas, Rio de Janeiro, Casa da Palavra, 2007); Circe Bittencourt ("Identidade nacional e ensino de História do Brasil", em História na sala de aula: conceitos, práticas e propostas, São Paulo, Contexto, 2003); Peter Burke (Uma história social do conhecimento: de Gutenberg a Diderot, Rio de Janeiro, Jorge Zahar, 2003); Roger Chartier (A aventura do livro: do leitor ao navegador, São Paulo, Unesp, 1998); Selva Guimarães Fonseca (Didática e prática de ensino de História: experiências, reflexões e aprendizados, Campinas, Papirus, 2000; e Caminhos da História ensinada, Campinas, Papirus, 2002); Rebeca Gontijo ("Identidade nacional e ensino de História: a diversidade como patrimônio sociocultural", em Ensino de História: conceitos, temáticas e metodologia, Rio de Janeiro, Casa da Palavra, 2001); Jurandir Malerba (A corte no exílio: civilização e poder no Brasil às vésperas da Independência, São Paulo, Companhia das Letras, 2000); Paulo Miceli ("Uma pedagogia da história?", em O ensino de História e a criação do fato, São Paulo, Contexto, 1988); e Laura de Mello Souza (Inferno atlântico, São Paulo, Companhia das Letras, 1993).

[2] Rebeca Gontijo, op. cit., p. 63.

[3] Essa não é a única causa da dramática redução do conteúdo histórico em nossas escolas. A forte pressão exercida para que o terceiro ano do ensino médio seja apenas um preparatório para os vestibulares, a partir de resumos apostilados, faz com que o curso de História acabe de fato no ano anterior – até quando "tudo" deverá ter sido transmitido.

[4] Circe Bittencourt, op. cit., p. 190.

[5] Paulo Miceli, op. cit., p. 41.

Os autores

Carla Bassanezi Pinsky

Historiadora com mestrado em História Social pela Universidade de São Paulo (USP) e doutorado em Ciências Sociais pela Universidade de Campinas (Unicamp) na área de Família e Gênero. Foi pesquisadora do Núcleo de Estudos de Gênero da Unicamp. Autora de *Pássaros da liberdade* (Editora Contexto) e *Virando as páginas, revendo as mulheres*. Coautora de *História na sala de aula, História das mulheres no Brasil, História da cidadania, O Brasil que os europeus encontraram, História da América através de textos*, e organizadora das obras *Faces do fanatismo, Fontes históricas* e *História da cidadania*, todos publicados pela Editora Contexto.

Carlos Renato Carola

Historiador com mestrado pela Universidade Federal de Santa Catarina (UFSC) e doutorado pela USP. Professor da Unidade Acadêmica de Humanidades, Ciências e Educação da Universidade do Extremo Sul Catarinse (Unesc) nas disciplinas de História Moderna, História da América e História Ambiental. Lidera o Grupo de Estudo e Pesquisa em História Ambiental Regional (Gephar) da Unesc/CNPq.

NOVOS TEMAS NAS AULAS DE HISTÓRIA

Fábio Pestana Ramos
Doutor em História Social pela USP. Foi professor de História na Pontifícia Universidade Católica de Campinas (PUC-Campinas). Na Universidade Bandeirantes (Uniban) lecionou nos cursos de História, Pedagogia e Administração de Empresas, e no mestrado em Educação coordenou os cursos de Letras e Pedagogia. Pela Editora Contexto, publicou *No tempo das especiarias* e *Por mares nunca dantes navegados*, e, como coautor, *História das crianças no Brasil*. Colabora com jornais como *Jornal do Brasil*, *Folha de S.Paulo* e com as revistas *Superinteressante* e *Aventuras na História*.

Kalina Vanderlei Silva
Doutora em História pela Universidade Federal de Pernambuco (UFPE). Professora da Universidade de Pernambuco (no Departamento de História da Faculdade de Formação de Professores de Nazaré da Mata e no curso de mestrado em Hebiatria da Faculdade de Odontologia de Pernambuco). Autora do *Dicionário de conceitos históricos* (com Maciel Henrique Silva), publicado pela Editora Contexto.

Marco Mondaini
Doutor pela Universidade Federal do Rio de Janeiro (UFRJ). Professor do Departamento de Serviço Social da UFPE. Produtor e apresentador do programa Observatório da Cidadania, da Rádio Universitária AM e FM de Pernambuco. Autor de *Direitos humanos* e *Direitos humanos no Brasil*. Coautor de *História da cidadania*, *Faces do fanatismo*, *História das guerras* e *O Brasil no contexto*, todos publicados pela Editora Contexto.

Marcos Lobato Martins
Doutor em História Econômica pela USP. Professor das Faculdades Pedro Leopoldo (FPL) e Faculdade de Filosofia e Letras de Diamantina (Fafidia-UEMG). Autor de diversos livros na área.

Os autores

Marcos Napolitano

Doutor em História Social pela USP. Professor do Departamento de História da USP, onde leciona História do Brasil Independente. Foi professor da Universidade Federal do Paraná. Autor de vários livros, entre *Como usar o cinema em sala de aula, Como usar a televisão na sala de aula, Cultura brasileira: utopia e massificação*; coautor de *História na sala de aula* e *Fontes históricas*, todos publicados pela Editora Contexto.

Marcus Vinícius de Morais

Mestre em História Cultural pela Universidade de Campinas (Unicamp). Professor do Ensino Médio na região de Campinas e do projeto Viver Arte em São Paulo. Coautor dos livros *História na sala de aula* e *História dos Estados Unidos: das origens ao século XXI*, ambos publicados pela Editora Contexto.

Pietra Diwan

Mestre em História pela Pontifícia Universidade Católica de São Paulo (PUC-SP). Especialista na área de Ciência, Tecnologia e Sociedade pela Universidade de Granada (Espanha). É autora de *Raça pura: uma história da eugenia no Brasil e no mundo* (Editora Contexto). Atualmente, desenvolve pesquisas sobre a história da beleza e suas implicações na sociedade contemporânea.

Silvia Figueirôa

Geóloga pela USP e mestre e doutora em História Social na especialidade de História das Ciências também pela USP. Fez pós-doutorado junto ao Centre Alexandre Koyré d'Histoire des Sciences et des Techniques (França). É professora titular da Unicamp, docente no Departamento de Geociências Aplicadas ao Ensino. Atua na graduação e na pós-graduação, orientando pesquisas de iniciação científica, mestrado e doutorado junto ao Programa de Pós-Graduação em Ensino e História de Ciências da Terra.